La Folle Histoire du chômage

Ateliers populaires de philosophie
collection dirigée par Nathalie Monnin

La collection « Ateliers populaires de philosophie » a l'ambition de mettre l'exercice exigeant de la pensée philosophique à la portée de tous les citoyens, quelle que soit leur formation. Les textes s'adressent ainsi au plus grand nombre. Aucune connaissance philosophique préalable n'est requise : seuls l'effort et la rigueur, inhérents à tout travail intellectuel, le sont.
Les élèves de terminale, comme les étudiants (CPGE et universitaires) et le tout public, peuvent trouver ici des idées simplement exprimées : de quoi nourrir la réflexion et l'aspiration au sens, tant recherché actuellement dans nos sociétés individualistes.

Historien, Yves Zoberman est un ancien diplomate, spécialiste des relations internationales, ancien maître de conférences à Sciences Po Paris. Il a fait de nombreuses conférences sur le chômage dans l'histoire.

ISBN 978-2-84398-786-1

Yves Zoberman

La Folle Histoire du chômage

Éditions Apogée

« Le chômage, qui, quoi qu'on en pense,
est fort ancien dans nos sociétés, sous des
aspects qui en dissimulaient la nature,
n'a guère de chance de disparaître. »

(Jules Romain, *Visite aux Américains*)

Introduction

En 1933, les États-Unis sont au cœur de la crise économique la plus marquante du XXe siècle, les tempêtes de sable noir font rage en Oklahoma et au Kansas. John Steinbeck dans *Les Raisins de la colère* nous décrit l'odyssée de la famille Joad entassée dans des chariots de fortune. En pleine dépression, ils ont été acculés à l'errance malgré eux. Ils sont maintenant au chômage, sans le savoir.

En 1340, en Angleterre, les lords ont la possibilité d'acheter des terres pour faire du mouton, à condition d'enclore les champs communaux dont ils deviennent propriétaires. Les paysans anglais qui vivaient sur ces lopins de terre sont contraints de s'entasser dans des chariots pour libérer les terres où ils vivaient en famille. Ils forment ainsi le premier bataillon de l'armée de réserve prêt à l'emploi. Ils subissent le chômage qui ne dit pas son nom. Ils ne possèdent que leurs bras comme richesse.

Six siècles séparent ces deux événements, la situation mondiale a été bouleversée, les sociétés n'ont rien en commun, l'homme a découvert que le monde était ouvert ; la philosophie, la science, les techniques et l'industrie ont contribué au progrès. Le sort de nos paysans anglais du Moyen Âge et celui de la famille Joad sont pourtant les mêmes : ils sont chassés, ils n'ont rien, ils sont sans ressources et ne peuvent vendre que leur force de travail dont ils ignorent la valeur. Les balbutiements du précapitalisme, d'une part, et la « sécheresse humaine » du capitalisme industriel, de l'autre, ont entraîné ces individus dans le chômage nomade involontaire.

Si tous les économistes ne font remonter le chômage qu'à la fin du siècle, ce dernier est pourtant présent depuis fort longtemps, même si on le retrouve sous d'autres noms : l'oisiveté des pauvres, le vagabondage, la mendicité… Il prend ses racines dans une histoire jonchée d'hommes et de femmes qui, non seulement ont « gagné leur vie à la perdre » mais aussi se sont tués au… chômage. Y a-t-il donc toujours eu du chômage ? Les sociétés développées ont rejeté régulièrement des individus hors du travail, hors des cadres organisés. La lutte contre le vagabondage, la mendicité, le paupérisme, la misère, la pauvreté a hanté notre histoire depuis le début. Ces fléaux ont évidemment un lien avec le chômage. Le mot n'existe pas encore dans sa forme moderne, mais le phénomène est déjà là. Et il a souvent avancé masqué.

Le chômage moderne, tel que nous le connaissons, est d'abord un phénomène historique. Il est apparu, puis il s'est modifié, diversifié : il n'est donc pas indépassable, et c'est la bonne nouvelle. Il va donc disparaître. Mais la question fondamentale subsiste : que faire de l'homme dans nos sociétés, de l'homme qui n'a que lui-même comme richesse ?

Le chômage est d'abord et surtout une réalité sociale. On a raison de dire que derrière le chômage, il y a les chômeurs.

Mais pour parler de ce chômage, il faut pouvoir le définir. En première approximation, le chômage est le « non-travail », sans doute aussi le « non-emploi », mais pas vraiment l'inactivité. Car le chômeur, celui qui est au chômage, est un actif potentiel. Selon le Bureau international du travail : « Est chômeur toute personne de plus de quinze ans qui remplit trois critères : être sans travail, c'est-à-dire ne pas avoir d'activité, même minimale ; être disponible pour travailler, c'est-à-dire être en mesure d'accepter toute opportunité d'emploi qui se présente ; et aussi rechercher activement un emploi. » C'est d'ailleurs ce que la définition semble nous dire : le chômeur moderne est celui qui n'a pas de travail mais qui en cherche activement ! Donc la population active est aussi bien celle qui travaille et celle qui est au chômage. Le chômage est actif. En réalité, le chômage, décrit ainsi, est un élément normal du système capitaliste de production. Il serait le fait du système et pas des individus. Ce qui rend le mieux compte de ce chômage est le terme anglais *unemployment*. Le chômeur est porteur d'une force productive que le système n'emploie pas pendant un certain temps.

Revenons aux origines ! En français, le terme chômage a une naissance incertaine. Il viendrait du latin *caumare* (se reposer par grande chaleur) et du grec *kauma* qui signifie chaleur brûlante. Il fait trop chaud pour travailler. On trouve, venant de la même source, le « calme » et c'est bien un moment de calme dans la conjoncture économique qui fait augmenter le chômage. Mais est-ce une absence de travail, d'emploi, ou tout simplement une inactivité professionnelle ? Le mot ne nous le dit pas.

La neutralité du mot est souvent accompagnée d'un jugement moral sur le fait de ne pas travailler. Dans d'autres langues, et à toutes les époques, on rencontre les mêmes incertitudes : à la Renaissance italienne le terme de *disoccupazionze* est le chômage de celui qui est sans travail. Il chemine avec *scioperataggine* qui indique le désœuvrement comportant une connotation morale. On retrouve la même dualité qui va du constat au jugement de valeur en anglais ou *unemployment*, sans travail, voisine avec *idleness* qui ajoute une notion de paresse. En Allemagne, le chômage en tant que « non travail », *Arbeitslosigkeit* (littéralement l'état d'être sans travail), n'apparaît que dans les années 1890. Avant, notamment chez Marx, on trouve le terme de *die Unbeschäftigen* qui signifie plutôt « non activité ». Ces exemples montrent ainsi la valeur morale négative qui s'attache au chômage. Cette « paresse involontaire » dérange. Cette oisiveté négative n'a rien à voir avec celle, toute positive, de celui qui n'a pas besoin de travailler pour vivre. Les dictionnaires sont aussi, dès leur apparition, porteurs de ces ambiguïtés. Dès le XVIIe siècle, Littré, en effet, attribue aux mots « chômer » et « chômage » des sens religieux et profane. Il s'agit très vite de « ne pas travailler parce qu'on solennise une fête », mais aussi « ne pas travailler parce qu'on manque d'ouvrage » ou tout simplement « ne pas travailler pour une raison quelconque ».

Volontaire, involontaire ; classique, keynésien : voilà déjà des interprétations divergentes importantes.

Je partirai donc de l'idée que, dans l'histoire à raconter, les héros sont tous ceux qui « n'auront pas eu, à chaque moment de l'histoire, un moyen socialement acceptable de gagner leur vie, tout en le souhaitant ou en y étant obligés ». Cette définition est volontairement large. Elle ne permet pas de rendre justice aux nombreuses formes de chômage moderne, mais elle autorise une recherche généalogique du phénomène qu'une approche plus étroite aurait exclue.

Jusqu'à la fin du XVIIIe siècle, l'histoire fait le chômage. L'individu « au chômage » est présent mais ne constitue pas encore le centre des préoccupations des sociétés. La pauvreté est un malheur individuel, mais « l'oisiveté des pauvres » ne compose pas encore la question sociale. La présence des « pauvres sans travail » est seulement considérée comme la source potentielle de problèmes d'ordre public plus ou moins importants selon les périodes.

Un événement essentiel survient en 1795 en Angleterre : la création mondiale de la première indemnité d'État contre le chômage, véritable revenu universel d'existence ! Les magistrats anglais réunis à l'auberge du Pélican de Speenhamland dans le comté du Berkshire, situé à l'ouest de Londres, vont instituer une indemnité versée aux pauvres, sans contrepartie de travail et sans enfermement. Une première indemnité publique contre la « pauvreté oisive ». C'est la reconnaissance par les libéraux anglais du rôle de l'État comme régulateur économique. L'intervention de l'État en est à ses débuts, elle deviendra dès lors la question politique principale.

Cette date, toute symbolique, matérialise ce retournement du monde où le chômage fait l'histoire. C'est le début du chômage moderne comme acteur : dans sa perception, sa compréhension, son évaluation et ses conséquences. Il devient alors un problème politique et social.

Chapitre I

Le chômage, cet inconnu

Le chômage, une réalité bien cachée dans l'Antiquité

À cette époque, comme à toutes les périodes de l'histoire du monde, les tensions sociales existent. Elles ne sont pas toujours analysées comme telles mais débouchent parfois sur des affrontements violents. L'opposition entre riches et pauvres est attestée notamment par l'antagonisme entre maîtres et travailleurs de la terre. Ces mouvements sociaux qui se développent alors ont pour objet l'abolition des dettes, la redistribution des terres et la libération des esclaves. Bien sûr, le chômage est impossible, pour une raison simple « en miroir » : la langue grecque ancienne ne connaît pas le mot « travail ». Néanmoins, l'absence du terme ne signifie pas la non-pertinence de la notion. D'autant plus que dans le système social et mental de l'Antiquité grecque, « l'homme agit quand il utilise les choses, non quand il les fabrique » (Pierre Vidal-Naquet). Ce qui est valorisé, c'est l'usage qu'il fait des objets et non le travail nécessaire pour les fabriquer.

Pour les auteurs grecs, l'économie, telle que nous la connaissons, ne peut pas être séparée du politique et des valeurs en général. Ici, il n'est pas encore question de travailleurs, salariés, entrepreneurs ou fonctionnaires dépendant d'un marché du travail. Il est donc difficile de rencontrer le chômage.

Pourtant, on travaille dans l'antiquité, aussi bien en Grèce, en Égypte qu'à Rome. Mais là aussi, la dimension de production que nous lui reconnaissons n'est pas primordiale. Pour les Grecs, en particulier, il s'agit plutôt d'occupations. La cité grecque est une société de consommateurs. Le travail n'y a jamais acquis de valeur positive : création de richesses par exemple. Il n'a pas de valeur tout court. « Le travail ne sera pas considéré en lui-même comme bon ou mauvais » (Pierre Vidal-Naquet). C'est d'abord une nécessité. Il ne s'agit pas seulement du travail dépendant et contraint des esclaves, mais aussi celui d'hommes libres. Même si le travail est surtout le fait d'esclaves, l'homme libre doit quand même se rendre utile.

Sans préjuger de la nature de ce travail, celui qui possède, doit faire fructifier son bien. Son labeur est différent de celui des esclaves ; s'il travaille, c'est pour lui. D'ailleurs, Aristote dans *Rhétorique* nous décrit l'impossibilité de l'homme libre de se soumettre à un employeur : « La condition de l'homme libre est qu'il ne vit pas sous la contrainte d'autrui. » En ce sens, l'économie concerne surtout le domaine privé. Seuls les paysans propriétaires représentent l'espace où se déploie l'économie dans l'Antiquité. Xénophon, dans son ouvrage *Oikonomia*, consacre la partie purement économique de l'ouvrage à l'agriculture, seule digne préoccupation économique d'un « honnête homme ».

Mais en dehors de l'économie domestique et de l'esclavage, il existe sans doute des travailleurs libres occasionnels qui sont momentanément « inoccupés ». Ce sont notamment ces paysans : ils possédant une terre et subissent les catastrophes naturelles. Ces situations sont temporaires, mais récurrentes. Ces petits propriétaires sont victimes d'un « chômage climatique » conjoncturel. On les utilise alors pour la construction de monuments importants.

L'Égypte des pharaons occupe une place à part. On sait que la construction des pyramides de Chéops, Khephren et Mykérinos est en partie le fait de ces paysans de la vallée du Nil mis « au chômage forcé » par les crues du fleuve. À cette époque en Égypte, ce ne sont pas les esclaves qui construisent. Il est d'ailleurs d'usage de payer et de nourrir ces travailleurs. Sur une stèle de Ramsès II, on peut lire : « Ô travailleurs choisis et vaillants ! Ô vous les bons combattants qui ignorez la fatigue, qui exécutez les travaux avec fermeté et efficacité. Je ne vous ménagerai pas mes bienfaits, les aliments vous inonderont. Je pourvoirai à vos besoins de toutes les façons, ainsi vous travaillerez pour moi d'un cœur aimant. Je suis le défenseur de votre métier. »

Les « grands travaux » ont toujours été effectués par des hommes libres. Ces hommes, notamment ceux qui ont bâti la vallée des Rois, furent des fonctionnaires, donc des travailleurs à temps plein, au service d'un pharaon attentif. Déjà, à cette époque, une vaste « armée de réserve » peut alors être utilisée en cas de besoin, pour combattre ce « chômage climatique ».

Athènes, cité phare contre l'oisiveté des pauvres

En Grèce, au Ve siècle avant J.-C. (que l'on nomme « siècle de Périclès »), la lutte contre l'oisiveté des pauvres a été un objectif politique et juridique de certains de ceux qui régnaient sur les cités. Les questions posées par le sort du peuple qui ne trouvait pas de travail étaient manifestes. Plutarque rapporte que Périclès ne voulant pas que « [...] la masse non enrôlée des ouvriers [...] fût exclue des distributions ni non plus qu'elle y eût part en demeurant inactive et oisive [...] présenta au peuple de grands projets de constructions et des plans à long terme, intéressant nombre d'emplois [...] ainsi les gens restés en ville n'auraient-ils pas moins que les soldats en mer, en garnison et en campagne de motif d'être assistés et d'avoir part aux deniers publics ». Mais cette politique de grands travaux avait déjà des ennemis : Plutarque ajoute à ce propos que « [...] les orateurs du parti de Thucydide poussaient les hauts cris contre Périclès, qu'ils accusaient de gaspiller l'argent et de réduire à néant les revenus de l'État ». Le débat si contemporain de l'interventionnisme de l'État est déjà posé.

Mais allant plus loin dans l'administration des hommes, Périclès donne un sens à l'action de l'État. L'utilité sociale du peuple est pour la première fois mise en avant : « J'ai donc voulu que la classe du peuple qui ne fait pas le service militaire, et qui vit de son travail, eût aussi part à cette distribution de deniers publics : mais, afin qu'elle ne devînt pas le prix de la paresse ou de l'oisiveté, j'ai appliqué ces citoyens à la construction de grands édifices, où les arts de toute espèce trouveront à s'occuper longtemps [...] Chaque métier encore, tel qu'un général d'armée, tient sous lui une troupe de travailleurs sans profession déterminée, qui sont comme un corps de réserve et qu'il emploie en sous-ordre. Par là tous les âges et toutes les conditions sont appelés à partager l'abondance que ces travaux répandent de toute part. » La naissance de « l'armée de réserve prête à l'emploi » est contenue dans ces lignes. C'est toute une politique dirigée vers le plein-emploi à laquelle Périclès invite ses concitoyens.

Athènes fut sans doute la première cité à combattre systématiquement l'oisiveté. Deux causes furent déterminantes : l'exode rural de paysans sans travail vers Athènes et l'arrivée en masse de métèques. Ces phénomènes, si modernes, contribuent alors à déséquilibrer la société. La vie à Athènes s'en trouve bouleversée et ce sous-prolétariat, vivant en dehors du cadre traditionnel, a des difficultés à être employé. Solon, un des inspirateurs de la démocratie grecque, s'alarme alors de l'arrivée de nombreux individus venant de partout pour trouver à Athènes la sécurité.

Il craint, lui aussi, le développement du nombre des individus sans travail. Il ne l'appelle pas le chômage, mais le « loisir forcé ». Il constate que la « terre ne [nourrit] plus son homme ». Il fait tout alors pour favoriser les emplois d'artisans. Plutarque, relatant l'action de Solon, nous dit : « Solon qui adaptait les lois aux choses, plutôt que les choses aux lois, et qui voyait que la pauvreté du territoire n'offrait qu'une subsistance médiocre aux cultivateurs, et était incapable d'alimenter une foule paresseuse et désœuvrée, mit les métiers à l'honneur et enjoignit à l'aréopage d'examiner d'où chacun tirait ses ressources et de punir les paresseux. » Ce même Solon avait promulgué une autre loi. Elle obligeait les citoyens à apprendre un métier à leurs enfants afin de ne pas les laisser sans qualification.

La colonisation fut aussi une soupape de sécurité démographique et économique pour la Grèce. Toujours selon Plutarque, parlant de Périclès : « Il établit aussi plusieurs colonies, une de mille citoyens dans la Chersonèse, une de cinq cents à Naxos, une troisième de deux cent cinquante à Andros, une autre de mille au pays des Bisaltes en Thrace. En déchargeant ainsi la ville d'une populace oisive qui, faute d'occupation, excitait sans cesse des troubles, il soulageait la misère du peuple, contenait les alliés par la crainte, et leur mettait comme autant de garnisons qui les empêchaient de se porter à des innovations. » Envoyant des milliers de pauvres habitants des villes pour trouver la fortune afin d'échapper à la mendicité et à la paresse, Périclès montrait que ces colonies pouvaient alors sembler une solution à l'errance paresseuse des vagabonds.

De nombreuses histoires parcourent l'Antiquité grecque sur la relation directe entre l'appauvrissement dû au manque de terre (*stenochoria*), l'émigration et la création de colonies. C'est la nécessité de résoudre un problème de surpopulation, l'oisiveté pauvre de ces individus, qui constitue le point de départ de la conquête de nouvelles terres.

Mais cela ne résout pas tous les problèmes sociaux liés au « chômage », et de nombreux mendiants subsistent dans les villes. Plutarque dans son ouvrage *Les Vies* nous décrit la présence innombrable de ces mendiants. La répression contre la mendicité à Athènes est alors à son apogée. Sans espoir de travailler, ces individus font profession de mendier. C'est une permanence que l'on rencontre tout au long de l'histoire. L'exode rural fournit les futurs chômeurs urbains. Littéralement « au chômage forcé », ces hommes se transforment en mendiants. Et cette mendicité devient une attitude face à l'existence et quelquefois un métier à part entière. Vrai refus du travail, cette posture dérange. Ce chômage, volontaire avant la lettre, inquiète. Toutes ces lois sur l'oisiveté ne visaient pas l'oisiveté en tant que telle, mais seulement celle des pauvres ne faisant rien pour gagner leur vie en mendiant. Déjà, et par opposition, l'oisiveté des riches demeure enviable et digne de considération. Elle permet de disposer d'un temps libre pour exercer une activité créatrice : littéraire, artistique, scientifique et politique.

À Rome, l'action des frères Gracques pour redistribuer les terres aux paysans

À Rome, l'État ne se préoccupe guère des pauvres « sans travail ». L'exception majeure se situe à l'époque de Caius Gracchus. Au deuxième siècle avant notre ère, Tiberius Sempronius Gracchus et son frère Caius Sempronius Gracchus, surnommés les Gracques, comprennent alors l'utilité politique de nourrir les pauvres, laquelle consiste à les rendre utiles socialement. Il ne s'agit pas d'affranchir les esclaves, mais de rendre la terre aux petits paysans dépossédés par les gros propriétaires. Des siècles après, Louis Blanc, révolutionnaire de 1848, écrira dans son *Organisation du travail*: « C'est ce que faisait l'immortel Tibérius Gracchus, lorsque, dénonciateur convaincu des usurpations de l'aristocratie romaine, il criait aux pâles vainqueurs du monde : on vous appelle les maîtres de l'univers, et vous n'avez pas une pierre où vous puissiez reposer votre tête. »

Élu tribun de la partie la plus pauvre de la population — la plèbe —, Tibérius Gracchus développe une politique d'attribution des terres du domaine public aux pauvres oisifs. Son objectif consiste à soulager le sort des citoyens sans ressources en les réintégrant dans la société des possédants. L'*ager publicus*, constitué de terres enlevées aux peuples vaincus, est alors redistribué. C'est la Lex Sempronia, ancêtre d'une politique sociale vers les plus défavorisés. Cette intervention de l'État est la deuxième du genre après celle du siècle de Périclès, au cinquième siècle avant notre ère ; là aussi, les nantis, tirant d'énormes profits de l'exploitation de l'*ager publicus* par des esclaves, s'opposent à cette loi. Tiberius passe outre et promulgue sa loi. Il est assassiné en 129 avant J.-C. par ses opposants puissants.

Son frère Caïus tente de relancer cette réforme agraire. Il s'appuie sur les riches plébéiens et le parti populaire. Les populares sont des patriciens qui croient à la nécessité d'une réforme pour préserver la paix sociale. Fortement menacée par l'oisiveté de pauvres paysans, la société tente d'y remédier. Ces réformateurs s'opposent aux optimates (ou conservateurs) qui voient le salut de Rome dans le renforcement du pouvoir du Sénat et le retour aux institutions anciennes. Caïus inaugure son mandat de tribun par une loi : la distribution mensuelle de blé à bas prix, voire gratuite, aux citoyens pauvres de Rome. Il reprend surtout la loi agraire de son frère en organisant la création de colonies agricoles dans les territoires récemment soumis, notamment sur le site de Carthage. Elles devaient permettre la suppression d'un chômage paysan important. Mis en minorité au Sénat et victime de cabales, Caïus voit ses projets de colonies agricoles abandonnés. Au lieu de ralentir, l'exode rural est au contraire accéléré par les distributions de blé gratuites instaurées à Rome par Caïus Gracchus !

Le fléau millénaire, constitué par la paresse urbaine, se rencontrait à Rome, Alexandrie et toutes les grandes villes de l'Antiquité. Mais la grille de lecture est différente. Là où nous voyons une plèbe romaine, par exemple, comptant de nombreux « chômeurs », *disoccupati* ou *lazzaroni*, les observateurs de l'époque rencontraient surtout une clientèle facile pour les riches, vivant de ses aumônes. Tacite, historien du premier siècle de notre ère, écrit : « La partie saine de la population romaine était attachée aux grandes familles, les clients et les affranchis, les condamnés et les exilés, reprenaient confiance ; mais la plèbe sordide, l'habituée du cirque et des théâtres, et avec elle la lie des esclaves, étaient dans l'abattement. » La plèbe aurait sans doute voulu travailler, mais elle dépendait souvent des distributions. Elle ne cherchait pas des aumônes, mais du travail.

Pourtant du travail, il n'en manquait pas. On bâtit beaucoup comme en Grèce et en Égypte aux siècles précédents. Ce type de travail était le fait de captifs, d'esclaves, mais aussi de paysans momentanément sans besogne. Suetone nous rapporte que l'empereur Vespasien, au premier siècle de notre ère, refusa une invention d'un ingénieur qui lui promettait de transporter à peu de frais au Capitole d'énormes colonnes. Il lui offrit une somme considérable pour son invention, mais il refusa de l'utiliser, en lui disant : « Permettez-moi de nourrir le pauvre peuple. » Le Colisée ainsi que les principaux monuments romains ont été construits avec les bras de la plèbe. Ce sont des travaux récurrents mais occasionnels. Ils n'auraient pas pu fournir un travail régulier aux individus. C'est « l'intermittence antique ». La conscience de la nécessité de mettre le peuple au travail était alors manifeste. On est déjà loin de l'attitude des empereurs romains qui, ayant « fonctionnarisé » les boulangers, donnaient des grains afin de nourrir le peuple, sans contrepartie. À ce propos, Juvénal, ayant le sens de la formule, résume bien la situation dans les *Satyres*: « *Panem et circences* » (du pain et des jeux). En deux mots, il nous renseigne non seulement sur l'état d'esprit du peuple romain mais surtout sur la manière de le gouverner en le nourrissant et le distrayant. On distribuait alors des grains de blé afin d'éviter les révoltes dues à la misère et au désœuvrement.

À l'époque, ce travail « à temps partiel » était recherché. Le paradoxe est grand de voir le paysan libre, au sens politique, alors que sa position économique est très précaire. La liberté du paysan pauvre se paie cher ! Il ne bénéficie d'aucune protection contre les mauvaises récoltes, contre le service militaire obligatoire, contre les hordes de soldats qui massacrent les champs lors des guerres. Les réactions furent sans doute nombreuses face à ce destin commun. Des révoltes de la faim, des occupations de temples vides, des abandons de terres furent autant de faits marquant la condition de ces paysans pauvres de l'Antiquité.

L'exode rural au Moyen Âge comme source de chômage

« L'oisiveté des pauvres », ferment d'instabilité de la société

Au Moyen Âge, après l'effondrement de l'administration romaine et les invasions barbares, la société se stabilise dans un mode de vie paysan. L'essentiel de la vie pendant cette période, qui va de 800 à 1500, se déroule à la campagne. Les plus grandes villes européennes comme Londres et Paris ne comportent respectivement, avant la peste noire du milieu du XIVe siècle, que 200000 et 100000 habitants.

À l'intérieur de ces sociétés, trois éléments sont structurants : un système de relations fortement ordonnées, notamment à la campagne, le rôle de l'Église et celui de l'organisation des métiers représentée par les guildes et les corporations. Ces trois étages de la société créent une socialisation stable et d'apparence immuable.

En fait, ces trois piliers de l'équilibre se complètent effectivement et personne n'imagine alors la remise en cause de cette organisation. Les seigneurs sont liés entre eux par des serments et forment une chaîne qui se déploie à l'aide de sentiments comme l'honneur, la fidélité. Le sol et le territoire servent de socle pour développer des rapports réciproques faits d'échanges et souvent de concurrence. Fondée sur des interdépendances traditionnelles, caractérisées par une hiérarchie entre les individus, la société s'est reproduite pendant des siècles à l'identique.

Personne ne soupçonne alors que le manque d'ouvrage va déstabiliser cet édifice. La protection d'un puissant permettait au serf d'acquérir en échange une forme de sécurité, qui prenait appui sur des relations familiales et de voisinage stables. Situation qui permet de dire à certains que le chômage était impossible. Par exemple, Joseph A. Schumpeter, dans son *Histoire de l'analyse économique*, écrit en parlant de la société médiévale : « En principe, il y avait place, dans la société médiévale, pour tout individu reconnu par cette société comme étant l'un de ses membres : de par sa structure, elle excluait le chômage. »

Ce qui est inexact. Car les rapports « éternels » et immuables qui s'étaient établis rendaient néanmoins la société très vulnérable aux agressions extérieures. Paradoxalement coexistaient grande stabilité et précarité importante d'un nombre croissant de la population. « Mais en fait, le risque de chômage involontaire ne lui était pas inconnu. » Toutefois, ce qui faisait que la pauvreté et l'oisiveté de ceux qui ne possédaient rien étaient, malgré tout, très acceptables, c'est leur intégration et leur visibilité régulière. Ce qui va les rendre insupportables, c'est leur généralisation et leur mobilité. Pourtant personne n'imagine que la situation puisse évoluer. Les hommes étaient liés entre eux par des « contrats implicites à perte de vue ».

Au début du XIVe siècle, la pauvreté est donc bien présente mais assimilée par la société. Et puis d'un seul coup, de « nouveaux pauvres » viennent grossir les rangs de ceux qui, invalides pour la plupart, bénéficiaient du secours charitable. Mais cette fois, il ne s'agit plus de ces indigents physiquement touchés par la vie. Ces individus sont comme tout le monde, « [...] ils ont deux bras et deux jambes ». Ils sont simplement sans ouvrage.

C'est en Angleterre qu'un premier chômage « réel » va naître, source de tous les autres : il est le fruit de la volonté des nobles anglais de transformer des terres communales cultivables en enclos à moutons : ce sont les enclosures. Ce phénomène est le point de départ de la plus grande migration humaine involontaire qui aura des effets jusqu'à l'aube du XXe siècle. L'histoire du chômage, c'est aussi l'histoire de cette population excédentaire. Cette population à l'origine sédentaire composée d'agriculteurs, vivant en autarcie, se trouve chassée des terres qu'elle cultivait. C'est, en plus de « l'oisiveté forcée », le début du déracinement. À partir de là et pendant des siècles, ceux qui n'avaient qu'eux-mêmes à offrir ont vendu leur force de travail.

Plus d'un millénaire après l'aventure de Gracchus, qui avait distribué les terres aux « sans ouvrage », alors que les siècles ont laissé sur le pavé des hommes abandonnés par le travail, le formidable bouleversement des enclosures met sur les routes anglaises des paysans sans terre. Tant et si bien que Thomas More a pu écrire dans son livre *L'Utopie* : « Les moutons mangent les hommes. »

De quoi s'agit-il ? De la clôture de toutes les terres cultivables. Ces enclosures furent un enjeu considérable pour toute la société anglaise à partir de cette époque. Pour comprendre, revenons sur le principe de fonctionnement de ces terres. Dans chaque paroisse anglaise, des terres restaient en état d'*open field* ou de terre commune. Elles appartenaient, comme nos biens communaux en France sous l'Ancien Régime, au système de gestion collective de la commune. Elles étaient sans grande valeur et constituaient la plupart du temps des friches. Malgré cela, la jouissance de ces terres procurait aux paysans pauvres de la paroisse un minimum vital pour subsister. Ils y envoyaient paître le bétail qui les nourrissait, selon le droit communal de pasture (*common of pasture*) ou le droit de passage des moutons (*right of sheepwalk*). Ils pouvaient utiliser le bois des arbres pour construire leurs modestes habitations : c'était le droit d'estouvoir (*right of estovers*) de l'ancien français « être nécessaire à ». Enfin la tourbe, qui se trouvait sur certains *common*, était utile pour se chauffer.

On comprend mieux alors qu'il était impossible de toucher à ces champs ouverts sans que l'existence de ces ouvriers agricoles ne bascule dans la survie impossible.

Les enclosures en Angleterre furent aussi considérées comme un mouvement de « modernisation » de la production agricole caractérisé par le passage d'une agriculture de subsistance autarcique où le paysan cultivait des céréales sur une terre communale à une structure économique plus complexe où le mouton était exploité de façon intensive. Néanmoins, les effets négatifs furent importants.

Libérés de l'exploitation traditionnelle, les bocages ainsi formés permirent une exploitation plus rentable du sol en vue du profit le plus important possible. Le mouvement a commencé dès 1235 avec le Statut de Merton : « [...] les terres communales peuvent être acquises par un individu privé à la condition que le propriétaire individuel édifie une clôture autour de son champ. » Ce qui autorisa les riches à acquérir des terres et d'en faire ce qu'ils voulaient.

L'Utopie, *une réalité pour Thomas More*

Thomas More décrit très bien la transformation de la situation dans *L'Utopie*. Il utilise alors l'image du mouton ou de l'agneau animal si doux de la civilisation chrétienne que l'on immolait pour laver le péché des hommes. En inversant la relation, il écrit : « [...] les troupeaux innombrables de moutons qui couvrent aujourd'hui toute l'Angleterre, ces bêtes si douces, si sobres partout ailleurs, sont chez vous tellement voraces et féroces, qu'elles mangent même les hommes et dépeuplent les campagnes, les maisons et les villages. » En parlant de ces riches sans scrupule, il ajoute : « [...] ils enlèvent des vastes terrains à la culture, les convertissent en pâturages, abattent les maisons, les villages et n'y laissent que le temple pour servir d'étable à leurs moutons. Ils changent en déserts les lieux les plus habités et les mieux cultivés. »

En parlant de cette « foule de gens sans ouvrage », Thomas More prédit que « [...] ce qui devait faire la richesse de l'île [l'Angleterre] en fera la misère par l'avarice d'une poignée de misérables. »

Nous sommes au XIVe siècle en Angleterre, la population est évaluée de façon très imprécise mais avant la peste qui débuta en 1348, on y compte entre 2 500 000 et 3 000 000 d'habitants. La vie s'organise autour des paysans.

La seule grande ville, Londres, compte alors, rappelons-le, moins de 200 000 habitants. Le servage est de fait aboli en Angleterre et les paysans libres composent la grande masse de ceux qui exploitent la terre. Plus d'1/7 de la population globale est faite de petits propriétaires qui cultivent leur lopin de terre, au sein de cette agriculture de subsistance en champs ouverts.

En réalité, la plupart de ces petits paysans dépendent alors d'un riche propriétaire foncier qui les utilise à leur service. Afin de compter sur leur fidélité, ces proriétaires leurs attribuent une terre à labour, d'une dimension moyenne de 20 000 m^2, qu'ils exploitent. Les paysans répartissent la journée de labeur entre le travail sur leurs terres et le service dans les grands domaines appartenant aux maîtres. De cette façon, le paysan anglais ne dépend pas seulement du faible gain en argent qui lui est attribué. Ce lopin de terre est à lui seul un amortisseur de crise, permettant de subsister en cas de baisse des revenus « salariaux ». L'ensemble des paysans d'une paroisse est aussi copropriétaire de ces terres communales où chacun peut, comme nous l'avons vu, faire paître le bétail, se fournir en bois et en tourbe.

« Le mouvement des enclosures était donc une révolution des riches contre les pauvres. » L'appropriation des biens communaux par les riches lords a précipité les paysans dans un rapport nouveau de dépendance totale avec les possédants. Sans rien pour eux, sans moyen régulier de subsistance et rien non plus à transmettre à leurs enfants. À l'époque, seul le lien à la terre faisait société. Cette première désaffiliation a jeté sur les routes des paysans sans terre.

Le chômage à l'origine de la guerre de Cent Ans ?

Cette hypothèse du chômage comme cause originelle de la guerre de Cent Ans est avancée par quelques historiens. Que s'est-il passé ? Et pourquoi au milieu du XIVe siècle ? Une partie de l'explication se situe de l'autre côté de la manche : en Flandre. Ce pays connaissait alors une progression économique importante grâce à une double envolée démographique et agricole. L'accroissement de la population est tel que l'agriculture ne suffit bientôt plus à occuper les individus. Traditionnellement, les Flandres étaient réputées depuis longtemps pour la fabrication du drap. La proximité de l'Angleterre, qui exportait de la laine en quantité pour l'époque, en faisait un fournisseur important.

L'Angleterre d'avant les enclosures se heurte alors à un obstacle important : la pénurie de pâturages. En effet, les domaines ecclésiastiques fournissent la majeure partie de cette laine. Ils ne peuvent accroître leur production. En raison de la demande forte et de la limitation des terres à moutons, le prix de la laine anglaise exportée augmente de façon importante (les lois du marché fonctionnant à plein). Les répercussions sont non négligeables en Flandre où les riches drapiers doivent équilibrer leurs prix, et pour compenser cette flambée du coût des matières premières, ils décident de baisser les salaires de leurs ouvriers. Ce qui entraîne rapidement des « mouvements sociaux » qui affaiblissent alors les fabriques flamandes. Les rois de France successifs, dont la Flandre dépendait avant 1340, ne cessent d'augmenter les impôts : ils n'apprécient guère que les Anglais commercent de façon privilégiée avec les Flamands et en tirent de bénéfices importants. C'est d'ailleurs une des raisons qui conduisent à la guerre de Cent Ans en 1337.

En effet, afin d'échapper à cette pression fiscale, les comtes flamands se révoltent et pour éviter de mettre au chômage leurs ouvriers, déjà menacés par l'augmentation des prix de la laine importée d'Angleterre, décident de se rallier au roi d'Angleterre Édouard III. Celui-ci, n'attendant que cela, se fait proclamer roi de France depuis la ville flamande de Gand en 1340. Ce qui entraîne l'immédiate entrée en conflit avec le roi de France Philippe VI. La peur du chômage des ouvriers flamands est donc l'une des causes de ce conflit franco-anglais. L'augmentation démesurée de la production lainière est rendue nécessaire par le conflit, nécessitant une levée de fonds plus importants. « Le mouton dévore un peu plus les hommes » et les nouvelles enclosures augmentent la marginalisation importante de la population paysanne anglaise.

Le premier chômage anglais de masse est donc dû en partie à la peur du chômage flamand ! Les propriétaires terriens anglais comprennent rapidement tout le bénéfice qu'il y a à produire plus de laine. Ils mettent à profit ce fameux Statut Merton et décident d'enclore (entourer les champs par des haies) le plus de champs possibles afin de tirer le maximum de la terre à moutons. Les manufacturiers de Flandre, ainsi libérés des Français et de leurs impôts, produisent de plus en plus de draps et exportent partout.

Le pouvoir des Tudors, à la fin du XVe siècle, se mettra en travers de cette politique d'enclosures en tentant de les réglementer au maximum.

Ce que l'on sait de façon quantitative est toujours difficile à établir. Mais en convertissant les recettes de l'exportation de laine et de drap, qui nous sont connues, on estime que près de 50000 anciens paysans déplacés occupent de fait un emploi à temps complet ou partiel dans ces fabriques lainières. Ce qui représente de 5 à 7 % de la population de ces paysans sans terre. Un grand nombre de ces déplacés se retrouve alors sans travail. Cela génère un chômage qui ne dit pas son nom et suppose la création de cette armée de réserve de bras prêts à l'emploi. Mais surtout cela produit un changement notable dans le rapport au travail, puisque, pour la première fois, un groupe important d'individus est contraint de changer d'occupation et de métier sous la pression sociale. Nous verrons que cela implique un bouleversement important dans la réglementation non seulement des métiers mais aussi une répression accrue des « vagabonds sans ouvrage ». On peut donc établir alors que « [...] les enclosures rendaient les bêtes repues et les pauvres exsangues ! »

Beaucoup de ces paysans sans terre deviennent alors des vagabonds. Cette population excédentaire, que personne ne nomme encore « chômeurs », violemment ballottée, se retrouve sur les routes. À partir de ce moment, le vocabulaire ne cessera plus de s'enrichir de nouveaux mots pour décrire ces individus : en trop, superflue, surnuméraire, surpopulation, surplus de population ouvrière, matériau humain disponible, bras inoccupés ou à demi inoccupés, inaptes au travail, poids mort... La liste est longue. Ce sont les ancêtres de nos chômeurs d'aujourd'hui.

Le nouveau monde de la généralisation des « laissés-pour-compte »

À la fin du Moyen Âge, en Europe, on comptait entre 60 et 70 millions d'âmes, soit le double qu'un siècle plus tôt. Tant et si bien que les villes durent absorber une population disponible en permanence. Les vagabonds, les mendiants, « les gens sans aveux » devenaient tellement nombreux que le problème du « chômage », c'est-à-dire « des individus qui ne pouvaient subvenir à leurs besoins de façon socialement acceptable », devient progressivement une question, pas encore sociale mais au moins politique. Elle commence d'intéresser les affaires de la cité.

À partir du XVIe siècle, la population « traditionnelle » des vagabonds est augmentée de plus en plus fréquemment par de nouveaux pauvres qui, voulant travailler, ne trouvent pas d'emploi. La répression s'abat alors durement sur cette population. En France, les ateliers de charité, les hôpitaux; en Angleterre, les *workhouses* (maisons de travail) dans lesquelles les pauvres travaillent et sont hébergés. La première *poor law* (loi sur les pauvres) est promulguée en 1601 sous le règne d'Elisabeth Ire. L'État anglais prend en charge les indigents et se dote d'une législation afin de porter assistance aux déshérités. Le lien entre la misère et le chômage est ainsi reconnu.

Mais l'Angleterre n'est pas la seule à créer ce type d'institution, en France, c'est aux hôpitaux généraux que l'on confie la tâche de mettre les vagabonds et les mendiants au travail afin de lutter contre l'oisiveté, et donc le chômage. C'est à Paris, en 1611, que commence à se développer cette pratique. Ces institutions financées par l'Église, leur destination première change et devient un lieu d'enfermement des pauvres valides.

Rapidement, le pouvoir s'empare de l'idée que l'on peut utiliser ces institutions pour effectuer des travaux publics. Richelieu prend des édits demandant leur développement. C'est ainsi qu'à Paris un nouvel hôpital général de pauvres voit le jour en 1657, entièrement consacré à cette tâche: lutter contre l'inactivité des pauvres.

Parallèlement et de façon plus décentralisée, on assiste à la naissance des ateliers de charité sur l'ensemble du territoire. Ces institutions sont utiles aux collectivités pour des tâches très variées: travaux de fortifications, travaux de nettoyage ou de vicinalité. Elles payent fort peu ces travailleurs forcés, tout en menant le combat contre l'oisiveté dangereuse des pauvres.

Il faut donc « surveiller et punir ». Mais pas seulement. L'Église va développer à partir de cette époque les secours aux pauvres valides tout en réalisant son salut par la charité.

Elle va favoriser un « chômage paroissial ». En effet, on se souvient de la criminalisation des vagabonds, des mendiants en même temps que la charité toute chrétienne permettait d'acheter le salut du généreux donateur en portant secours aux pauvres. Nous le verrons, l'aumône, ancêtre d'une politique sociale, s'exerçait de façon très précise, mais à une seule condition : il fallait connaître ceux qui en étaient les bénéficiaires. On gardait un œil vigilant sur ces populations. Le chômage et son secours étaient donc paroissiaux.

Pourtant à un moment de l'histoire où les secours aux pauvres, aux vagabonds étaient directement du ressort de la charité chrétienne, rien de plus normal. Mais une des conséquences importante nous est donnée par la Bible qui dit « [...] de ne pas ramasser les grains, laisse-les aux pauvres, laisse-les à l'étranger » (*Lévitique* 19, 10). Il faut que le pauvre, comme l'étranger, ait un asile possible. Mais cela veut dire que le pauvre est aussi étranger dans son propre pays. Certes, s'il faut aimer l'étranger comme un concitoyen, « Si tu reçois un étranger ne l'opprime pas, que l'étranger soit chez toi comme un d'ici » (*Levitique* 19, 34), on recommandera très vite, par un glissement sémantique, de traiter le concitoyen pauvre comme un étranger. On sait aujourd'hui que le rapport entre le chômage et l'étranger est un sujet brûlant.

Catholiques (la charité mène le monde) versus *protestants (le Beruf de Luther, Calvin)*

L'émergence du protestantisme constituera un événement important quant à l'inversion des valeurs par rapport au travail et donc au chômage. Cette conception nouvelle entraînera la mise au ban de la société des chômeurs dans une sacralisation de plus en plus grande de la notion de travail et d'enrichissement. L'intervention de la responsabilité individuelle face au chômage n'est pas une nouveauté de nos temps modernes. En effet, c'est au XVIe siècle que Calvin, dans son ouvrage *Sermon sur le Deutéronome*, met en avant le rôle de la volonté individuelle pour expliquer la pauvreté et aussi l'aptitude à trouver du travail. L'assistance est d'une certaine façon remise en cause. Le combat contre les *poor laws* en Angleterre a utilisé ces arguments pour justifier leur suppression.

Luther renverse la vision positive de la charité envers les mendiants : « Une des tâches qui s'imposent le plus impérieusement serait de supprimer toute mendicité [...] Nul parmi les chrétiens ne devrait jamais aller mendier [...] chaque ville devrait prendre soin de ses pauvres et ne tolérer aucun mendiant étranger [...] pèlerin [...] ou [...] moine mendiant » (*Œuvres*, vingt et unième proposition).

C'est la vision critique d'un protestant face à la position de l'Église catholique sur la charité, confirmée par sa célèbre phrase « comme l'oiseau est fait pour voler, l'homme est fait pour travailler ».

Le « Beruf », le salut par la profession

Le rapport au travail s'inverse. Ce point de retournement est fondamental car il porte en lui un changement de société. Il ouvre progressivement la voie à une nouvelle place au travail créateur de richesses, même pour les pauvres. Certes, l'homme peut jouir de son ouvrage et il ajoute : « Je n'ai rien refusé à mes yeux de ce qu'ils désiraient, mon labeur fut ma joie. » Mais en fait « les œuvres qui se font sous le soleil » sont vaines et « poursuite du vent ». L'Ancien Testament a une conception négative du travail. Il rappelle qu'il peut être aliéné et aliénant : « Mieux vaut un doigt de repos que deux doigts de labeur et poursuite du vent. » L'homme n'est jamais sûr de l'utilité de ce travail : « Dès le matin sème ta semence jusqu'au soir ne laisse pas reposer ta main. Tu ignores ce qui réussira ceci ou cela les deux à la fois » (Luther, *Œuvres*). L'inversion protestante des valeurs face au travail est donc cruciale dans l'histoire. Pour Luther, c'est par l'accomplissement d'une profession que l'homme se réalise. Conviction qui l'amènera à combattre notamment les moines mendiants. Lorsqu'il traduit la Bible, Luther emploie le terme Beruf plutôt que *Werk* ou *Arbeit*, très utilisés à l'époque. Pour lui, il s'agit d'une tâche assignée par Dieu : son accomplissement sur terre par le travail. Les bonnes œuvres ne permettent plus d'avoir cette fonction salvatrice. Dès lors, il n'accorde de valeur qu'au produit résultant du travail humain. Toute autre forme de revenu est suspecte à ses yeux. On assiste à un retournement du monde capital. La légitimité de la charité, la qualité divine de la pauvreté et la vie contemplative ne sont plus acceptées. L'épanouissement de l'homme devient lié à son travail et à la réalisation de sa profession. Son salut est dans le travail ! Au début du XXe siecle, dans son livre *L'Éthique protestante et l'esprit du capitalisme*, Max Weber reprend cette glorification du travail au travers de la profession. Le succès de cette interprétation sera grand dans tous les pays où le protestantisme se développera de façon importante. Pour la réforme, il n'y a rien de plus grand que la profession. C'est un devoir moral de l'homme de bien s'acquitter de sa profession.

Le changement du travail, de manuel à universel

Calvin va porter l'inversion de la valeur travail au plus profond du changement des mentalités. Il dit très clairement son aversion du chômage des hommes : « C'est autant comme si on leur coupait la gorge. » Il commente : « Si on va dépouiller le champ d'un homme, qu'on fauche son pré, et qu'on ravisse tout, voilà le monde qui criera au meurtre ; mais c'est plus d'avoir fraudé un pauvre homme du labeur de ses mains ; car il n'a [...] autre fonds ni héritage ; et au reste, il n'épargne point son labeur, ni son sang pour gagner sa vie. » Il considère alors que « de ne pas faire travailler quelqu'un est un meurtre ».

Sur le texte de saint Paul, « Celui qui ne veut pas travailler ne doit pas manger », il élargit le propos en écrivant : « [...] les diverses espèces de travailler. Car quiconque aide et porte profit par son industrie à la société des hommes, soit en gouvernant sa famille, soit en administrant les affaires publiques ou privées, soit en conseillant, soit en enseignant les autres, ou par quelque autre moyen [...], icelui ne doit pas être nombré entre les gens oisifs. » La modernité de la vision protestante réside en partie dans l'extension de la définition du travail. Il n'a pas toujours eu cette valeur positive. L'aristocratie ne travaillait pas et son oisiveté constituait sa force. Le travail était largement synonyme de pauvreté. Alors que la société médiévale reposait sur le travail manuel ou artisanal (*Handwerk*), le Beruf couvre l'ensemble des activités économiques humaines. Toutes les qualifications et les savoirs particuliers des hommes sont au service de la société. Au travers de ce terme, la société nouvelle voie d'industrialisation et d'urbanisation peut se construire. En même temps, pour Calvin, la nature commande de travailler. Celui qui ne le fait pas n'est pas un homme : « Rien de plus contraire à l'ordre de nature que de consacrer sa vie à boire, manger et dormir, sans aviser cependant ce que nous ferons » (Sermon sur le Deutéronome). C'est un moment de l'histoire où, de façon contradictoire, on se pose des questions sur l'efficacité de l'enfermement des « sans travail » dans des maisons de travail aussi bien en France qu'en Angleterre. Le fait de rassembler dans ces institutions des « pauvres sans ouvrage », des vagabonds et mendiants professionnels, des brigands… est jugé comme dommageable. On les oblige à travailler mais les produits qu'ils fabriquent sont de médiocre qualité. Néanmoins, pendant tout ce siècle les ateliers de charité connaissent une extension importante. En France, Turgot, dans les années 1770, crée des ateliers de charité d'un nouveau type en développant les colonies agricoles. Parallèlement, il ferme les dépôts de mendicité, qui regroupent des populations « à risque ». Mais là encore c'est un échec. Néanmoins, il s'installe l'idée que « la misère des peuples est un tort des gouvernements » (1er rapport sur la mendicité, M. de Liancourt, 1790).

Cette « grande transformation », qui fait de l'économie un élément important de la vie des pays, sera matérialisée par la Révolution française et par d'autres événements passés plus inaperçus. Ces derniers ont eu un rôle important dans ce bouleversement ; ainsi, à partir de la fin du XVIIIe siècle, le chômage devient un élément moteur de nos sociétés.

La période proprement révolutionnaire est l'occasion des plus grandes innovations. On met en place un comité pour l'extinction de la mendicité directement lié à l'Assemblée constituante. Son œuvre sera déterminante dans l'aide au chômage que l'on appelle encore « distribution de secours » et dans l'organisation du travail. C'est alors à l'État de veiller à ce que tout le monde soit employé. Il ne s'agit plus de punir, mais d'aider : « […] nous avons admis comme principe incontestable que les pauvres valides doivent seulement être aidés par les moyens du travail. » Le pas est définitivement franchi, dans les textes, vers un monde de libre accès au travail. La liberté du travail s'impose aux sociétés: « [...] les droits les plus sacrés de l'homme ne seraient pas conservés si l'ouvrier rencontrait des obstacles lorsque la liberté le déterminerait à chercher un travail profitable dans les lieux où il voudrait se porter. » Ces termes contiennent l'annonce de l'abolition des anciennes corporations de métiers.

Tous les freins au travail doivent être levés et notamment la mobilité et la liberté du travail. Le quatrième rapport du comité sur la mendicité libéralise l'économie en valorisant la mobilité des travailleurs. « L'intérêt politique du royaume commande impérieusement cette liberté. C'est par elle seule que le travail se distribue naturellement dans les lieux où le besoin l'appelle, que l'industrie reçoit son plus grand encouragement, que toutes les entreprises deviennent faciles, et qu'enfin le niveau de la main-d'œuvre, condition si désirable pour la prospérité de l'État, s'établit dans toutes les parties de l'Empire. » On n'imagine mal le progrès que cela constitue à l'époque ; le travail devient aussi le centre de la vie. Le devoir des États est alors d'encourager le travail et de combattre les sources de l'inactivité des pauvres. Ce changement de paradigme à propos du chômage devient alors la principale source de conflit politique qui fera jouer à cette question un rôle central et moteur dans l'histoire du XIXe siècle jusqu'à nos jours. C'est la logique de l'État-providence, avec un système de financements publics forts, le rôle de l'État qui prélève pour financer, qui développe une administration de la question sociale, ou celle de l'État minimal qui a pour principale fonction de favoriser le libre accès au travail sans plus. Quand l'État intervient alors, c'est pour briser les résistances au progrès et non pas pour se substituer à l'entreprise privée.

Pourtant, et malgré la Révolution, les lois et les comités, la société française n'est pas aussi libérée de ses vieilles pesanteurs. La liberté est proclamée mais pas vraiment réalisée. Comment peut-on laisser au travailleur, qui n'a que lui-même comme caution, la jouissance d'un bien aussi précieux que cette liberté nouvelle ? L'image du travailleur n'est toujours pas bonne. Les révolutionnaires doutent aussi des capacités de ce dernier : « Parmi les malheureux voués aux travaux pénibles [...] ne possédant que des mains peu gagnantes et une âme absorbée, est-ce là ce que vous appelez des hommes ? Y en a-t-il un seul qui fut capable d'entrer en société ? » Comment la révolution peut adopter le principe de liberté et en même temps faire la distinction entre "citoyens actifs et citoyens passifs" » ?

Il y a certes la volonté politique de briser les chaînes, et la libéralisation économique est sans doute un moyen de résoudre la question sociale naissante. Cette volonté ne suffira pas à supprimer les coûts sociaux qu'engendre cette liberté créée par la révolution industrielle. Le bras de fer qui s'engage entre la société et l'État est désormais l'enjeu politique majeur. Le chômage est la conséquence directe de l'action ou de l'inaction de l'État. À partir du moment où la richesse, le travail, le chômage deviennent les préoccupations de la société et des individus qui la composent, l'État devra se soumettre à ces impératifs. Le retournement de ce monde où le bien-être matériel apparaît comme un élément primordial de l'existence « du grand corps du peuple » va structurer l'action publique.

Les révolutionnaires du continent décident comme programme l'avènement d'une société civile dont personne ne serait exclu. Le 15 juillet 1790 à l'Assemblée constituante, le premier rapport du comité de mendicité présenté par La Rochefoucauld-Liancourt remarque que l'on parle du devoir de charité envers les pauvres mais pas des droits qu'ils peuvent faire valoir. L'État, réducteur d'incertitudes, comme Hobbes le définissait dans son ouvrage *Leviathan*, devient protecteur des pauvres. Au moment où l'on ferme toutes les institutions qui ont caché les pauvres, on suggère la création d'un établissement général de secours public dont le cahier des charges serait d'élever les enfants abandonnés, de soulager les pauvres infirmes et de donner du travail aux pauvres valides. Les lois du 19 mars 1793 et 22 Floréal an II définissent pour la première fois une nouvelle assistance sociale. On parle alors de dette nationale envers ceux qui n'ont rien : « Tout homme a droit à sa subsistance par le travail, s'il est valide ; par des secours gratuits, s'il est hors d'état de travailler. Le soin de pourvoir à la subsistance du pauvre est une dette nationale » (loi du 19 mars 1793). Il s'agit d'établir un financement public de lutte contre les déshérités et sa juste répartition sur tout le territoire. Le gouvernement révolutionnaire propose de réaliser des grands travaux et d'instituer de nouveaux ateliers de charité. Les anciennes institutions charitables sont dispersées, l'État envisage, comme stipulé alors par La Rochefoucault-Liancourt, dans le quatrième rapport sur l'extinction de la mendicité du 21 janvier 1790, une politique nationale d'assistance : « En prenant la résolution de secourir complètement la pauvreté, vous avez eu pour objet de lier par la reconnaissance la classe indigente à votre constitution. »

De plus, le pouvoir révolutionnaire craint que la foule des individus inemployés ne devienne dangereuse. « La Révolution et les opérations actuelles laissent et laisseront beaucoup de citadins sans état et sans occupations, elles laissent encore plus de gros ouvriers sans ouvrage. Ceux-ci deviennent l'objet d'une inquiétude effrayante, et vont grossir la troupe des hommes dangereux. Il faut employer cette quantité de bras et empêcher leur réunion, parce que, réunis, ils deviennent redoutables. »

Finalement les ateliers de charité ferment en 1791, pour les raisons qui jalonnent régulièrement l'intervention de l'État en matière économique : le financement défaillant, la concurrence déloyale avec les fabriques privées, le problème du droit au travail, le paiement d'un salaire à des individus qui bénéficiaient auparavant de secours. On a démantelé l'ancien système charitable mais rien ne l'a remplacé. Le grand plan national de lutte contre la pauvreté est abandonné. C'est une gestion locale qui se substitue au financement national pour venir au secours des pauvres valides. Les bureaux de bienfaisance communaux financés par les dons des particuliers reprennent du service, l'argent public local ne venant qu'en complément marginal.

Si bien que, pendant tout le XIXe siècle, les hôpitaux et les hospices seront les piliers de la prise en charge des pauvres valides. Toutes les expériences de mise au travail des pauvres par l'État se solderont alors par un échec.

Chapitre II

Le dévoilement du chômage moderne

L'Angleterre à partir de la fin du XVIIIe siècle : un modèle et une expérience pour les siècles à venir

En 1795, les Anglais vont créer la première indemnisation contre le chômage. C'est l'invention du chômage posé comme nouvelle et première question sociale. La survenue de ce « droit de vivre universel », ce revenu minimum, Le Speenhamland Act, constitue le tournant de l'histoire du chômage.

C'est le moment de la première vraie indemnisation contre le chômage. Il nous montre la nature réelle du chômage de la fin du XVIIIe siècle, en tentant de sauver le pouvoir des classes possédantes. Les magistrats anglais de l'époque instituent ce droit créance, le « droit de vivre ». Une allocation est versée sans contrepartie de travail à tout homme valide et des suppléments sont accordés aux familles. C'est difficile à concevoir car ces notables n'ont aucune notion de ce que peut être un État social, ou si l'on préfère un État-providence qui s'ignore. Mais ils décident d'accorder une sécurité financière à tous : ils prennent à la lettre la doctrine de « l'État réducteur d'incertitudes ». C'est un profond bouleversement et la société ne sera jamais plus la même qu'avant. Même si la loi de 1834 met fin à cette indemnité, de peur qu'elle ne fasse tache d'huile, le chômage indemnisé avait fait ses premiers pas dans l'histoire. Il s'agit précisément de lois sur le travail des pauvres. L'élément principal de l'édifice prend appui sur la loi du domicile (Act of Settlement) de 1622 contraignant tout individu à demeurer dans la paroisse où il est né. Il n'est donc pas libre de circuler.

Pour les Anglais, « Pourvoir à la subsistance du pauvre est une dette nationale »

Jusqu'au XVIIIe siècle, l'Angleterre confie aux paroisses « le soin d'assister, surveiller et punir » les individus valides. Plus de seize mille institutions dans le pays remplissent cette charge. Évidemment, cet Act of Settlement de 1662, toujours en vigueur à la fin du XVIIIe siècle, est en contradiction avec les progrès du capitalisme naissant et la nécessaire libéralisation du marché du travail. Il est alors quasiment impossible à chaque paysan ou ouvrier, légalement libre, de se déplacer pour trouver un travail dans une autre paroisse. Et pourtant, par la loi, celui qui ne possède rien a l'obligation de travailler ; il se trouve dans une contradiction insurmontable lorsque le travail vient à manquer là où il réside.

Précisément c'est là, à la campagne, que les enclosures continuent de produire... du chômage. Une grande partie des paysans, chassés et sans ressources, n'a plus aucun moyen de subsistance. Ceux qui travaillent encore voient, comme l'écrit Karl Marx dans *Le Capital*, leurs salaires orientés à la baisse : « [...] l'usurpation des terres communales et la révolution agricole qui l'accompagne frappèrent si durement les travailleurs agricoles que, entre 1765 et 1780, leur salaire commença à tomber en dessous du minimum et dut être complété par l'assistance officielle prévue pour les pauvres. » La démolition de leurs habitations détruit l'univers traditionnel : « [...] là où vivaient naguère de nombreux paysans, il n'y a plus qu'un berger et son chien. »

En réalité, les enclosures ont donc aussi forcé les cultivateurs, même ceux qui possédaient un petit bien, à vendre aux gros propriétaires. Le profit de ces derniers augmente alors.

Il est frappant de voir réunis ici les mécanismes qui font grossir cette « armée de réserve » en précipitant les individus au chômage. Au XVIIIe siècle, un nombre de plus en plus important de déclassés et de pauvres sans ouvrage apparaissent. Les campagnes se dépeuplent.

Ainsi est résumé de façon étonnante ce qui constitue le déséquilibre social et le chômage. On voit bien que ce nécessaire exode s'impose au paysan contre sa volonté alors que le travail lui manque. Déjà toutefois la paroisse, malgré la loi sur le domicile de 1662 obligeant le paysan de rester là où était né, envoie ce dernier de ferme en ferme pour qu'il se trouve un emploi. Il était indubitablement au chômage et il faisait partie de cette classe d'hommes qui venait s'ajouter au vagabond traditionnel prêt à chercher n'importe quel travail pour subsister. De nombreux récits montrent que les pauvres trouvent souvent « [...] pour leur venir en aide, quelque industrie florissante établie dans le voisinage. Si le sol tombe aux mains d'un petit nombre de grands propriétaires, les petits fermiers seront transformés en autant de gens forcés de gagner leur vie en travaillant au service d'autrui. Il s'exécutera plus de travail peut-être, parce qu'il aura plus de contrainte. Les villes et les manufactures grandiront, parce que plus d'hommes en quête d'ouvrage, y seront comme chassés ».

La situation n'est donc plus tenable. Depuis la fin du XVIIe siècle, on constate que près de la moitié de la population n'arrive pas à subvenir à ses besoins quotidiens. Il faut dire que, comme partout en Europe, le nombre des pauvres anglais est dans une spirale ascendante puisque l'augmentation est de plus de 45 % de la population totale soit près de 2500000 individus. C'est un seuil qui peut constituer une menace sociale. Malgré des rapports et préconisations notamment de l'économiste Locke, aucune solution ne donne des résultats. Modèle anglais du libéralisme naissant, John Locke ne vécut que quatre ans au XVIIIe siècle. Il rédige un rapport sur les pauvres, unique en son genre. De façon systématique, il souhaite découpler la charité de l'assistance aux pauvres en privilégiant l'incitation au travail et à la création de richesses. En ce sens, il se situe aussi dans le prolongement d'une vision protestante de la société, où la « charité passive » n'a pas de valeur. La tonalité générale de ce texte est dans la droite ligne de la perception des catégories de pauvres de l'époque. Il en ressort que le pauvre valide doit être contraint au travail par tous les moyens. La charité privée se trouve réduite au minimum. Il va même jusqu'à préconiser le travail des enfants pauvres, notamment dans les filatures car « leurs petites mains sont plus habiles ». Ainsi tout le monde est utile et la société n'exclut personne !

Mais la vision du pauvre selon Locke n'a vraiment rien de libéral. Il rappelle tout au long de son rapport l'ensemble des dispositifs répressifs en vigueur depuis le XVe siècle.

Les Anglais rendent théoriquement possible le déplacement des individus. On pense alors que les vieilles solidarités vont se distendre. C'est sans compter sur la tradition pragmatique fortement implantée en Angleterre. Les Anglais font « machine arrière » et préfèrent créer un revenu minimum, le premier de l'histoire. Deux facteurs vont présider à sa création. La peur du développement du marché libre du travail est sans doute un élément clé de ce retournement. Mais aussi, et de façon paradoxale, la préparation « en douceur » à la transition au capitalisme, permettant la légitimation de l'expropriation des paysans, la surveillance des individus, la disponibilité des travailleurs et l'acceptation *in fine* de la prééminence de l'économie.

Le Speenhamland Act, un modèle et un RMI avant la lettre

Au moment de la naissance du précapitalisme, et défiant toute logique, des magistrats anglais, attablés à l'auberge du Pélican de Speenhamland dans le comté du Berkshire, à l'ouest de Londres, décident la création d'une allocation que l'on peut analyser aujourd'hui comme la première indemnisation contre le chômage. Nous sommes le 6 mai 1795, nos juristes anglais décident de changer le cours de l'histoire. Ils voient avec effroi que la loi de 1662, dite loi du domicile, est abrogée. Ils ne peuvent l'admettre. Tout l'édifice de surveillance mis en place depuis des siècles par les Tudors s'effondre. On voit alors « l'Angleterre du passé ériger en vain des barrières contre l'Angleterre du futur ».

Attachés, sans doute, à leur vieux monde fait de relations de proximité de choses établies une fois pour toutes, ces juristes instituent ce droit créance « une allocation universelle de subsistance ». Elle est versée sans contrepartie de travail à tout homme valide. De plus, des suppléments sont accordés aux familles. On assiste alors à la naissance du plus grand des paradoxes. Pour ne pas changer la nature profonde de la société, on bouleverse l'action de l'État : il interviendra dorénavant dans la régulation économique.

Jusqu'alors, toute la société reposait sur une division des tâches qui laissaient aux classes possédantes la libre gestion de leurs biens. L'État laisse la société à ses affaires. Évidemment, les créateurs de ce RMI avant la lettre n'avaient pas conscience du formidable retournement sociétal qu'ils avaient généré. Pour eux la vie était rythmée, la société était réglée par l'opposition entre possédants et non-possédants.

La richesse était une affaire de propriété terrienne et le travail était l'apanage des pauvres qui cherchaient seulement à subsister. Brutalement, l'État se met à garantir un revenu à tous. Bien que le montant soit modeste, cette nouvelle allocation permet de vivre sans travailler, à condition toutefois que l'on reste dans sa paroisse. Elle autorise aussi et surtout un travail sous-payé car un complément est versé automatiquement pour arriver au salaire minimum!

Ces notables n'ont aucune notion de ce que pouvait être un État social, ou si l'on préfère un État-providence qui s'ignore. Ils ont quand même décidé d'accorder une sécurité à tous: ils ont pris à la lettre la doctrine de « l'État réducteur d'incertitudes » (Pierre Rosanvallon, *La Nouvelle Question sociale*). La création de cette aide sans condition à tous ceux qui ne possèdent rien qu'eux-mêmes est un pas important pour la société anglaise qui servira à la fois de modèle et aussi de contre-modèle au monde industriel en construction.

Mais pour eux, il s'agit d'abord de venir en aide afin d'éviter la destruction de la société traditionnelle telle qu'elle existe en Angleterre depuis des siècles. Cette loi du Speenhamland a donc été créée dans le pays du libéralisme pour éviter l'ouverture d'un marché du travail libre où l'individu pauvre aurait pu choisir librement son lieu de travail, exiger un salaire supérieur en fonction de ses compétences et des lois du marché. Mais ce qui est surtout annoncé par les Anglais, c'est leur opposition à la liberté du pauvre qui aurait pu se placer au même niveau que celle du riche. Ils veulent garder prise sur la société civile en construction en sacrifiant provisoirement la libre entreprise, pourvu que les indigents ne puissent pas vendre librement leur force de travail.

Au moment de la Révolution française bouleversant l'ordre des choses, les Anglais souhaitent préserver la société au risque de retarder le progrès.

En quoi consiste ce système d'indemnisation contre le chômage ? Il a été décrit par Karl Polanyi, dans *La Grande Transformation.* Aujourd'hui on connaît ce mécanisme, mais, à l'époque, c'était inimaginable : il s'agit de faire en sorte que le peuple, quelle que soit la situation professionnelle des individus, bénéficie d'un revenu minimum vital indexé sur le prix du pain. De façon très précise, le barème de cette indemnité varie en fonction du cours de la miche de pain. « Quand la miche d'un gallon coûtera 1 shilling, alors chaque pauvre et industrieuse personne aura pour son soutien 3 shilling par semaine, fourni soit par son travail ou celui de sa famille, soit par une allocation tirée de l'impôt pour les pauvres (*poor rates*), et pour le soutien de son épouse et de chaque membre de sa famille, 1 shilling et 6 pence ; quand la miche d'un gallon coûtera 1 shilling 6 pence, alors il recevra 4 shilling par semaine, plus 1 shilling 10 pence ; pour chaque penny dont le prix du pain augmente au-dessus de 1 shilling, il aura 3 pence pour lui-même et 1 penny pour les autres. » Cette allocation si précisément calculée est versée aux chômeurs de plus en plus nombreux et à ceux qui ont un revenu ne permettant pas de vivre au-dessus du seuil de subsistance.

De cette façon, dans toute l'Angleterre, à la campagne comme à la ville, ce texte sert de fondement légal à la politique sociale du gouvernement de 1795 à 1834, date de son abrogation. Deux conséquences importantes en découlent : d'une part, un traitement national, social de la pauvreté et du chômage pour la première fois dans l'histoire, ce qui était positif ; mais d'autre part, cela interdit le développement d'un marché libre du travail, retardant l'avènement d'une société fondée théoriquement sur la liberté de circulation dans un marché du travail concurrentiel, ce qui peut apparaître comme négatif.

Ce nouveau système en vigueur permet à l'homme de vivre sans travailler, et ce, sans contrepartie ni d'enfermement, comme auparavant, ni d'utilité sociale. La seule obligation est de rester « librement » là où l'on réside. Cette mesure est d'abord très appréciée des bénéficiaires et d'un grand nombre de possédants. Cette loi apparaît généreuse envers les pauvres « sans travail ». Nos temps modernes ont inventé des mécanismes qui peuvent s'en rapprocher. En effet, cette « allocation universelle avant la lettre est à la fois une indemnité contre le chômage, un RMI et un complément de salaire ». Il n'est d'ailleurs pas question pour les magistrats de 1795 de subordonner ce secours à une recherche de travail, qui manquait cruellement en cette fin de siècle. En ce sens, les bénéficiaires sont plus des assistés que des actifs.

On peut considérer qu'à l'époque cette loi était un véritable progrès. Les vieilles lois anglaises obligeaient les « oisifs valides » à travailler pour un salaire qui était fixé autoritairement par les possédants. Il n'a jamais été question pendant des siècles de verser un quelconque complément de salaire. Mais en cette fin du XVIIIe siècle, l'augmentation importante du nombre des pauvres est aggravée par l'incapacité de comprendre à l'époque pourquoi cette croissance démesurée de la pauvreté était survenue. Cela a fortement contribué à prendre des mesures de conservation. De cette façon, les Anglais pensent éviter une révolution, sans doute comme en France. L'ordre était en effet menacé par un certain nombre de phénomènes qui entraînaient un chômage important. La croissance démographique de la deuxième moitié du XVIIIe siècle (la population augmente de 50 % entre 1750 et 1800) est aggravée par les enclosures. Le travail complémentaire à domicile, qui apportait une source de revenus non négligeable, se trouve aussi supplanté par la naissance des fabriques, notamment de laine. Localement, on décide alors de venir en aide aux paysans au chômage qui ne peuvent, par la loi, chercher ailleurs un travail. Mais ce qui fait l'innovation du Speenhamland Act est la généralisation du système d'aide qui devient une vraie politique sociale nationale.

Par cette loi, le gouvernement tente donc de répondre à trois dangers qui menacent toute l'Angleterre : la famine, les troubles sociaux et la Révolution française qui pourrait très bien s'exporter. Les créateurs de ce texte décident donc d'employer les impôts et taxes en direction des pauvres (*poor rates*). Ce qui est nouveau dans cette problématique sociale est l'inversion de la logique de l'assistance en une composante moderne, la « sécurité du revenu minimum ». C'est un pas important franchi. Nous le retrouverons systématisé à notre époque. Il devient légalement obligatoire pour toutes les municipalités de lever un impôt qui sera directement utilisé pour fournir une « prestation sociale » à tous ceux qui n'ont rien pour vivre.

Mais était-ce bien un paradoxe ? Pour les Anglais sûrement pas ! En fait, par pragmatisme, ces derniers souhaitaient d'abord éviter la destruction de l'ordre social tout en contrôlant la pauvreté. Car la croissance démographique et les enclosures participaient alors à ce que l'on pourrait appeler le chômage invisible entraînant le risque de troubles. D'autre part, l'augmentation toute positive du commerce avait eu pour conséquence des fluctuations contrastant avec la stabilité des sociétés autarciques. Ces mouvements brutaux, comme on le sait aujourd'hui, engendrent un chômage qui se développe plus rapidement que sa résorption. Ce qui pouvait masquer ces phénomènes était que l'augmentation de l'activité et son cortège de créations d'emploi étaient un « miroir aux alouettes » dans un monde où la mobilité était absente.

De plus, dans cette société anglaise, traditionnellement conservatrice, on faisait plus confiance à la terre qu'à la manufacture. Lorsqu'un paysan était à la fois cultivateur de son propre lopin de terre et employé chez un lord, il lui restait sa terre en cas de crise et de baisse des revenus. À la ville, on était pleinement conscients de l'instabilité de l'employabilité : « [...] les ouvriers qui sont aujourd'hui pleinement employés peuvent être demain à la rue et mendier leur pain [...] L'incertitude de la situation des travailleurs est le résultat le plus pervers de ces innovations. »

Dans un premier temps, tout le monde y gagne. C'est d'ailleurs attesté par le fait que ce système a duré quarante ans. Pourtant, dès le début, les attaques n'ont pas manqué. Il faut le souligner : dans une économie anglaise qui a du mal à se moderniser, l'État a réalisé avec cette loi un programme contre les révoltes paysannes. D'ailleurs la régulation par le Speenhamland Act s'épuisera par l'éclatement des troubles paysans des années 1830. À cette époque, les revendications paysannes seront axées contre les machines agricoles qui détruisent l'emploi et l'accès à l'appropriation de la terre par les petits paysans. « Les revendications rurales en revenaient toujours fondamentalement à l'accès à la terre » (Edward P. Thompson). Cet appel à la terre était très fort, comme en témoignent des pétitions, notamment celle des ouvriers du Buckinghamshire : « Les temps étaient meilleurs à Bledlow avant les enclosures [...] Nous nous réjouirions d'occuper un quart d'arpent de terre et de payer la totalité du loyer. »

Mais surtout, cette aide aux salaires et au chômage est un formidable soutien à la production. Elle contribue non seulement à lutter contre le chômage mais aussi à retenir des populations laborieuses dans des régions qui sont moins attrayantes. À la fin du XVIIIe siècle, dans certains comtés anglais, l'activité était réduite et la main-d'œuvre oisive abondante. Aucun mécanisme moderne de marché n'aurait pu faire en sorte de résorber cette situation préjudiciable pour tous. L'intervention de l'État est alors déterminante et pose les bases d'une providence qui sera, lors des crises économiques du XXe siècle, un des fondements de l'action publique. Il s'agit réellement alors en 1795 de la réalisation d'une « sécurité sociale » dans l'assistance.

Les effets pervers sont réels. Cela permet aux entrepreneurs de faire baisser les salaires qu'ils versent, assurés qu'ils sont d'un complément octroyé par l'État, et aussi de pouvoir licencier sans craindre les troubles car l'indemnité sert de relais. Une autre conséquence curieuse se dévoile rapidement : comme l'indemnité n'est versée qu'aux pauvres n'ayant rien, seuls ceux qui en bénéficient trouvent un emploi. L'employeur n'a en effet aucune obligation de verser un salaire normal. Donc les uns et les autres sont condamnés à vivre au crochet de l'État (*on the rates*) qui devient providentiel. L'État ou plutôt le contribuable, car la grande partie de la charge de cette loi incombe à celui qui paye des impôts. L'employeur retrouve d'ailleurs sa mise en payant un salaire très bas. Il obtient une réduction d'impôt s'il s'engage à faire travailler un chômeur. Évidemment cela déporte la charge sur la collectivité. Ce qui fait croître la charge fiscale sur tous. De 1796 à 1830, les impôts locaux sont multipliés par 20.

Autre effet pervers : ceux qui ne sont pas assez pauvres pour être assistés ne trouvent pas de travail car ils demandent des salaires normaux. « Les moins pauvres en extrême difficulté au sens où tous ceux qui, résistant à l'appauvrissement cherchaient à éviter de vivre aux frais de la paroisse et à gagner leur vie par leurs propres efforts, n'étaient guère en mesure de trouver du travail. Les employeurs préféraient embaucher ceux qui bénéficiaient déjà d'un secours public et auxquels ils pouvaient verser un salaire inférieur au minimum vital. » Ils tombent alors rapidement dans la pauvreté, et tout revient dans l'ordre : pauvres, ils deviennent eux aussi assistés. Mais la société est alors tirée vers le bas. Et l'objectif de rendre la classe ouvrière naissante moins combative est en partie atteint.

Cependant, ne voir cette loi que par le prisme de ces effets-là serait une erreur. On ne peut comprendre alors la novation apportée par la loi. En effet depuis lors, l'intervention de l'État régulateur, la lutte contre le chômage sont venues au-devant de la scène. À partir de là, la radicalisation du débat politique dans sa modernité est en place : le marché du travail libre ou l'assistance et la sécurité pour tous ! Voilà l'alternative des temps modernes : l'État doit-il intervenir ? La peur du chômage de masse a déclenché le débat et l'action.

Un grand nombre d'économistes et de penseurs du social se sont emparés de ce moment de l'histoire. Les uns pour dire que c'était « une fausse bonne idée », notamment « à gauche ». Pour eux, on a assisté alors à « l'avilissement de la misère ». Le pauvre au chômage s'est retrouvé exclu des mécanismes libérateurs de l'individu. Pour les autres, « à droite », on a empêché la survenue de la société libérale et le développement des marchés libres, notamment celui du travail. Néanmoins, au début du XIXe siècle, grâce à cet événement, les termes du débat sont posés et, jusqu'à aujourd'hui, nous le continuons. La pauvreté et le chômage résultent-ils de l'inaction politique ou sont-ils la conséquence du trop d'action de l'État ? Ce débat est d'autant plus aigu que la crise est forte : à la fin du XVIIIe siècle, en 1929 ou aujourd'hui. Les Anglais décidèrent en 1834 d'abolir la loi qui réduisait les incertitudes pour laisser le marché libre du travail se développer. C'est la victoire des libéraux, du

« laissez-faire, laissez-passer » (formule attribuée à Vincent de Gournay, économiste français, physiocrate du début du XVIIIe siècle) et des principes du capitalisme industriel naissant.

Mais toutes les questions fondamentales sont énoncées alors et vont parcourir les siècles : comment le politique et l'économique se combinent-ils pour permettre le progrès ? Faut-il ne laisser personne « de côté », même au prix d'une politique qui viendra nuire à la liberté du marché ? Enfin, comme l'a très bien décrit Robert Castel dans son essai sur le salariat (*Les Métamorphoses de la question sociale*), la liberté est-elle souhaitable partout et tout le temps si c'est pour ne pas manger à sa faim ?

Plus profondément, les deux thèses cheminent jusqu'à nous pour alimenter le débat. La première est celle des libéraux anglais qui en 1834 abrogeront cette loi au nom de la lutte contre la lourdeur bureaucratique de la société qu'ils avaient eux-mêmes créée ! Pour eux, sous prétexte du social, l'État emprisonne l'individu dans des règles et des prises en charge en parfaite contradiction avec la responsabilité de l'individu. À ce moment-là, comme le note le rapport de 1834 qui abroge le Speenhamland Act, « [...] les mauvaises herbes se répandent dans les champs comme les vices dans la population, on trouve des gens qui préfèrent une pension de la paroisse et une vie paresseuse à des salaires élevés en contrepartie d'un dur labeur ». La deuxième est représentée par ceux construisant une société soumise aux lois de l'État, de l'intérêt général et pas seulement à ceux qui possèdent. Ces derniers vont combattre les « lois naturelles » de l'économie où le politique et l'administrateur sont simplement les régulateurs du « laissez-faire ». Dans ce débat, le rôle du chômage est principal au moment où la société est en crise et où le nombre des « sans travail » est intolérable pour la survie du système.

Néanmoins, cette expérience de « capitalisme social » survit aujourd'hui : l'État peut maintenir un niveau de vie minimum (de 1795 à 1834, il l'a montré). La cohésion de la société est aussi possible en dépensant pour le social. Ce basculement de 1795 et sa faillite en 1834 permirent de concevoir — ce qui était nouveau pour l'époque — que le revenu individuel pouvait dépendre d'un salaire régulier. Enfin, le chômage indemnisé entre dans l'histoire. Il restera au centre du débat.

La manufacture, une invention anglaise pour fabriquer deux articles : du coton et des pauvres

Le vote de la loi anglaise de 1834 supprime cette « assistance universelle ». Mais en abrogeant cette indemnité, on n'abolit pas les pauvres et les chômeurs. En créant des emplois, le boom industriel séduit. Cependant, il effraie par sa dureté envers les pauvres. Des intellectuels, partout en Europe, commencent alors à étudier ces phénomènes en apparence contradictoires : « [...] l'on a donc pu établir cet axiome qui, malgré son apparence paradoxale, n'en est pas moins vrai que plus un pays possède d'entrepreneurs d'industrie riches, plus il renferme d'ouvriers pauvres » (Alban de Villeneuve-Bargemont). On s'inquiète de l'extension simultanée de la misère, du chômage et de l'industrialisation. L'Europe devient donc une « grande fabrique ». En France, les conservateurs et les républicains s'accordent alors sur la maxime anglaise restée célèbre : « Une manufacture est une invention anglaise pour fabriquer deux articles : du coton et des pauvres. » Les machines, qui transforment les conditions de travail, changent la vie et vont bouleverser l'humanité. En « allant de lui-même », le monde devient incontrôlable.

Le chômage libéré, « l'humanité glisse, prise de vertige ! »

Néanmoins, la morale ne suffit plus pour expliquer l'inactivité professionnelle des individus. La société porte maintenant une responsabilité importante dans cette situation. Avec la naissance de la bourgeoisie, une nouvelle classe sociale émerge « en miroir » : les ouvriers. Leur force de travail inemployée représente une menace de chômage massif. La société prend un tour inconnu jusqu'alors : on s'inquiète de la situation de cette classe laborieuse qui peut devenir dangereuse (Louis Chevalier, *Classes laborieuses, classes dangereuses*) en tombant dans le chômage. « Lorsqu'on s'alarme, et avec raison sans doute, des dangers que fait naître, pour les mœurs de la classe laborieuse, l'extension qu'acquièrent de nos jours les entreprises industrielles, et l'agglomération qu'elle amène à sa suite pour les travailleurs, il ne faut cependant pas oublier de tenir compte des dangers d'une autre sorte qui, avec une population toujours croissante, menaceraient aussi l'humanité, si une partie toujours plus nombreuse de cette population se trouvait condamnée à l'oisiveté, faute de trouver de l'emploi dans les ateliers » (Joseph-Marie de Gérando, *Le Visiteur du pauvre*).

L'humanité est menacée ! En France, les corporations, permettant l'organisation des métiers, sont supprimées depuis le vote de la loi Lechapelier en 1791. Durant la première moitié du XXe siècle, elles n'ont été remplacées par aucune de ces protections nécessaires à l'équilibre social. L'État doit donc intervenir. Sa protection devient la seule réponse à l'insécurité sociale. « Il faut découvrir des garanties sociales à substituer à celles que la Révolution a détruites » (Émile Laurent, *Le Paupérisme et les associations de prévoyance*).

La parution de nombreux ouvrages contribue à la connaissance de ce bouleversement du monde dû à l'industrialisation naissante. Les grands romans de Balzac, Hugo, Sue, Zola… nous décrivent un univers citadin en profonde mutation. La place de ces nouvelles classes dangereuses, les ouvriers des villes, devient préoccupante.

Dans l'œuvre de Balzac, par exemple, la fiction se met au service d'une analyse sociale que viennent compléter les sciences sociologique et statistique balbutiantes. Bien sûr, c'est avant tout la description sans fard de la ville et de sa criminalité que Balzac nous livre. Les classes populaires sont d'abord traitées en fonction de leurs origines : leurs « mauvaises fréquentations » expliquant leur déchéance et leur chute dans le crime. Cette vision froide est exposée dans *Splendeurs et misères des courtisanes* : « Une des obligations auxquelles ne doit jamais manquer l'historien des mœurs, c'est de ne point gâter le vrai par des arrangements en apparence dramatiques, surtout quand le vrai a pris la peine de devenir romanesque. La nature sociale, à Paris surtout, comporte de tels hasards, des enchevêtrements, des conjonctures si capricieuses, que l'imagination des inventeurs est à tout moment dépassée. » Les causes individuelles de la pauvreté se transforment en problèmes de société. La description des classes populaires évolue au long du récit balzacien. Elle passe d'une révolte individuelle face à une situation difficile à la « figure du peuple en révolte contre les lois ». En suivant le développement de l'histoire, l'individu n'est plus seul. En se regroupant autour des centres industriels, les ouvriers se coalisent. À partir de là, les classes laborieuses constituent une menace pour l'ordre social. « Balzac dit que l'idée de sa *Comédie humaine* lui est venue d'une comparaison entre l'humanité et l'animalité… Mon œuvre sera moins sociale que scientifique » (Émile Zola, *Différences entre Balzac et moi*).

Zola, lui aussi, nous décrit, à travers la saga des Rougon-Macquart, « l'histoire naturelle et sociale d'une famille sous le Second Empire », qui sera d'ailleurs l'exact libellé du sous-titre de l'œuvre tout entière. Mais, entre-temps, les sciences permettent une mutation faisant la part belle « aux sciences physiologiques ». Un pas de plus est franchi, lorsque l'auteur prétend que tout peut se déduire des mathématiques. La « mathématisation » du réel, caractéristique de l'œuvre de Zola, s'appuie sur un nombre important d'ouvrages scientifiques concernant les méfaits du progrès. L'auteur se comporte alors comme un médecin, le scalpel à la main, disséquant la société. Il l'opère en scrutant son anatomie. Il découvre ainsi la névrose qui ébranle le siècle. Les valeurs sociales et morales anciennes sont balayées. Il ajoute dans *La Littérature et la Gymnastique* : « Nous en sommes à l'âge des chemins de fer et des comédies haletantes où le rire n'est souvent qu'une grimace d'angoisse, à l'âge du télégraphe électrique et des œuvres extrêmes, d'une réalité exacte et triste. L'humanité glisse, prise de vertige, sur la pente raide de la science. »

Mais en décrivant cette réalité en mutation, l'écrivain, se nourrissant alors de cette littérature scientifique de plus en plus abondante, cherche à établir des lois de fonctionnement de l'homme et de la société. La fabrique est souvent montrée comme coupable de cette déconversion sociale. Le paupérisme, fruit de l'entrée dans l'ère industrielle, invite quelquefois à refuser le progrès. Un grand nombre d'hommes politiques remettent en cause la société industrielle. La société française n'était pas habituée à ces changements brutaux et massifs. Les problèmes sociaux sont alors violemment ressentis. Cette prise de conscience, précédant *L'Invention du chômage* (ouvrage de R. Salais, N. Baverez et B. Reynaud, PUF), se lit dans les mouvements de la société du milieu du XIXe siècle. De nombreux articles commencent à expliquer « l'oisiveté des pauvres » de façon sociale, même chez les plus conservateurs. Tout est lié, et il existe une « misère publique » indépendante de la volonté des individus pauvres.

Parmi les livres écrits par des philosophes, *Recherches sur la nature et les causes de la richesse des nations* d'Adam Smith est le premier à concevoir cet espace national comme un lieu d'échanges purement économiques. Inspirant les libéraux, il servira de modèle sur les questions du travail, du chômage et de la création de richesses. Selon lui, « l'opulence naît de la division du travail » et « la division du travail est limitée par l'étendue du marché ». Il est partisan de la mobilité des travailleurs. Il est un des inventeurs de la valeur d'échange du travail : si les marchandises s'échangent, le travail qui les crée subit le même sort. Pour cela il doit être libre.

On comprend alors pourquoi dès la fin du XVIIIe siècle, il s'attaque à des préjugés qui, notamment en Angleterre, retarderont la venue du marché libre du travail. D'abord, il ne pense pas que les travailleurs pauvres sont naturellement paresseux : « [...] on voit souvent les ouvriers qui sont largement payés à la pièce, s'écraser de travail, et ruiner leur santé et leur tempérament en peu de temps. » Ensuite, il ne juge pas nécessaire de maintenir les salaires des ouvriers au plus bas pour augmenter la richesse des nations. C'est bien dans cette participation active à la richesse de l'Angleterre de « ceux qui n'ont rien qu'eux-mêmes » que Smith fait œuvre de modernité : « Une subsistance abondante augmente la force physique de l'ouvrier ; et la douce espérance d'améliorer sa condition et de finir ses jours dans le repos et l'aisance, l'excite à tirer de ses forces tout le parti possible. Aussi verrons-nous toujours les ouvriers plus actifs, plus diligents, plus expéditifs là où les salaires sont élevés, que là où ils sont bas. » Payer plus les ouvriers, car c'est l'intérêt des possédants, voilà qui est nouveau ! Mais la réalisation de ces objectifs tardera quelque peu.

Cette compréhension du marché du travail ne fait pas de place pour la limitation de ce marché. « La police qui domine l'Europe (en ce qui concerne la mobilité, le travail et les capitaux), faute de laisser les choses dans une entière liberté, donne lieu à d'autres inégalités d'une bien plus grande importance. Cet effet se produit de trois manières : la première, en restreignant la concurrence, dans certains emplois, à un nombre inférieur à celui des individus qui seraient disposés à y entrer ; la seconde, en augmentant ailleurs le nombre des concurrents au-delà de ce qui serait dans l'état naturel des choses ; et la troisième, en gênant la libre circulation du travail et des capitaux, tant d'un emploi à l'autre, que d'un lieu à l'autre. »

Smith ne fut pas seul. Thomas Robert Malthus, dans son ouvrage *Essai sur le principe de population*, accuse lui aussi directement le Speenhamland Act. Il décrit le mécanisme qui évite le chômage grâce à l'aumône publique : « [...] la nouvelle loi sur les pauvres agit sur les revenus des ouvriers sans que l'on laisse prendre au prix du travail son niveau naturel, pourtant c'est un baromètre politique de la plus haute importance ; il exprime le rapport des moyens de subsistance à la demande que l'on en fait ; de la quantité consommable au nombre des consommateurs. » Il ajoute avec humour : « C'est à peu près comme si le baromètre baissait jusqu'au mot tempête, et que pour rétablir le beau temps, nous fissions monter le mercure par quelque pression mécanique ; puis que nous fussions étonnés de voir le mauvais temps continuer. »

Il fut d'ailleurs très surpris de voir les magistrats anglais œuvrer « contre le cours des choses » pour simplement préserver un ordre social qui allait à sa perte. Son livre est un plaidoyer pour la limitation de la population. Sa théorie est que le monde va à sa perte : alors que la population augmente de façon géométrique, la nourriture croît arithmétiquement. En très peu de temps, les hommes n'auront plus de quoi manger : « [...] la tendance constante qui se manifeste dans tous les êtres vivants à accroître leur espèce, plus que ne comporte la quantité de nourriture qui est à leur portée. » Il précise : « Il est donc évident qu'un accroissement de la population, lorsqu'il n'y a pas d'occupation pour un nombre plus considérable d'ouvriers, doit être bientôt arrêté par le défaut d'emploi, et par la chétive subsistance de ceux qui sont employés, et ne saurait offrir l'encouragement nécessaire pour une augmentation de richesse proportionnée à la faculté de production. » Il reproche donc à cette loi sur les pauvres de favoriser les naissances en garantissant un revenu en proportion des enfants qui composent les familles. Ainsi pour lui « cette loi crée les pauvres qu'elle assiste ».

D'un point de vue général, il désavoue les lois sur les pauvres qui ont accru la pauvreté et, en remplaçant le travail par la charité publique, auraient créé des assistés. Mais, comme Smith, Malthus ne considère pas le chômage comme un problème majeur. Il pense qu'une fois la liberté du travail rétablie, l'équilibre se fera naturellement. « Le monde ira de lui-même ! »

« *Ils n'ont pas ajouté au bien-être des travailleurs* »

Bien évidemment, avec la fin de la loi sur les pauvres, en 1834, les effets socialement dévastateurs ne tardent pas à se faire sentir. Mais rien n'était trop beau pour le progrès qu'apportait l'industrialisation et le modèle industriel anglais fascinait. Soutenue par des théories économiques très libérales, cette industrialisation avait pris comme habitude, selon les mots de Blanqui, de « développer outre mesure la puissance productive de la nation, mais [les tenants du modèle anglais] n'ont pas ajouté en proportion au bien-être des travailleurs ».

C'est en fait un double sentiment qu'inspire alors cet immense retournement industriel. De l'admiration devant la tâche qui s'accomplit, mais de la peur des conséquences sociales qui en résultent. Les villes sont le théâtre de ce développement et de la nouvelle misère ouvrière qui s'installe. Le mouvement se déroule dans toute l'Europe : de l'Angleterre à l'Allemagne en passant par la France, sans oublier les États-Unis. L'attraction de ces villes happe les paysans, victimes de l'exode rural. La population citadine augmente de façon importante et rend les conditions de vie impossibles. L'habitat devient vite insalubre entraînant épidémies et maladies. Tout ce qu'on avait imaginé pour soutenir les pauvres est abandonné. Les libéraux anglais décident de ne plus retarder le moment de la libéralisation du marché du travail : c'est la fin de la « vieille loi sur les pauvres ». L'absence d'ouvrage à la campagne, conséquence des enclosures, renvoie encore et toujours vers les villes de nombreux paysans en quête de travail. Les secours pour les pauvres sont désorganisés. Les *workhouses* reprennent du service et on enferme à nouveau pour faire travailler de force. Les libéraux anglais avaient pris conscience du caractère subversif de la pauvreté de masse. La révolution était toujours possible. En supprimant une indemnité « générale et généreuse », ils pensaient en réduire le risque et croyaient à la « vertu de la faim ». Le pauvre poussé par le besoin de se nourrir en viendrait à la conclusion biblique : « Celui qui ne travaille pas ne mange pas. » Donc il faut travailler pour manger. La main invisible ferait le reste. Le besoin de se nourrir ou le désir de s'enrichir deviennent les deux seuls moteurs de la société

Personne ne semble se préoccuper du chômage, car dans une société donnée tout le monde doit trouver à s'employer.

Naturellement les choses s'équilibrent et le travail s'échange à un prix fixé par le marché. Il ne sert à rien de dépenser de l'argent public pour aider les pauvres, puisque les fabriques naissantes peuvent les employer en augmentant la richesse nationale. Il n'est plus besoin de salaire minimum, de « droit de vivre », d'indemnité pour les chômeurs valides. La main invisible veille.

Pourtant autour de ces villes anglaises de production textile industrielle, des villages entiers dépendent des fabriques en effectuant de la sous-traitance. Comme partout en Europe, les lois du marché exacerbées appauvrissent les travailleurs. Les paysans sont alors confrontés à de nouveaux phénomènes cycliques dus aux soubresauts de la production industrielle et du commerce. De plus, avec l'invention des métiers à tisser automatiques, la concurrence se révèle impitoyable et les familles qui vivaient du tissage à la main dans ces villages tombent rapidement dans la pauvreté et deviennent victimes du chômage. Les mécanismes sont simples : avec l'abolition des lois sur les pauvres, les individus sont payés à la pièce. Lorsque la rivalité commerciale s'exacerbe, les travailleurs pauvres n'ont que les *workhouses*, solution inacceptable et inadaptée, pour les sauver d'un chômage cyclique. Ces crises dues aux dépressions du commerce placent les ouvriers dans la même situation que celle des siècles précédents lorsque la production agricole était arrêtée pour des raisons naturelles : les prix montent et la demande chute. Les paysans se trouvent alors sans ouvrage. Ce chômage ne peut plus être traité de la façon habituelle par un enfermement dans les *workhouses*. Ces pratiques sont maintenant en contradiction avec la libéralisation de la production et du commerce.

Le dernier tiers du XIXe siècle sera enfin le moment de « l'invention du chômage moderne ». À cette occasion, le vieux dispositif d'assistance est définitivement remis en cause. Le traitement politique change les représentations de la pauvreté laborieuse et des « sans travail ». L'assurance sociale concernant la « perte d'activité professionnelle » fait alors son apparition. Le développement de l'industrie dans la première moitié du XIXe siècle entraîne une grande transformation des rapports sociaux. « L'industrie manufacturière a opéré un changement total dans nos mœurs, nos habitudes et nos relations », écrivait déjà Chaptal en 1809, alors ministre de l'Industrie de Napoléon. Il ajoutait : « [...] le commerce, l'agriculture et l'industrie manufacturière font la force et la richesse d'une nation, le gouvernement ne peut avoir qu'un but, celui de la protéger et de les encourager. » Les pouvoirs publics ont le devoir d'intervenir. Pour lui, la sécurité doit être assurée par le soutien à l'industrie. L'État, qui a en charge la sécurité, doit aussi considérer cette nouvelle sécurité plus « sociale » qui représente la lutte contre les effets pervers de l'industrialisation. Au début du XVIIIe siècle, les autorités ont déjà conscience du danger de la concentration d'une population industrielle.

La France, leader de la nouvelle organisation du travail

Michelet s'écrit dans le journal *Le Peuple* : « Que la ville est brillante ! Que la campagne est pauvre ! » Mais en même temps la lucidité apparaît vite : « Voilà ce que vous entendez dire aux paysans qui viennent voir la ville aux jours de fête. Ils ne savent pas que si la campagne est pauvre, la ville, avec tout son éclat, est peut-être plus misérable. » Peu de gens du reste font cette distinction. Lorsque l'on est venu à la ville, on ne retourne pas à la campagne. Certes les conditions de vie sont souvent dégradées. La pollution, la difficulté de se loger, la criminalité sont des facteurs négatifs, mais le progrès est là, et la promesse d'un avenir plus radieux fait souvent oublier la précarité.

On assiste alors à une crise de régime. Selon les propos d'Ernest Labrousse, « La crise rassemble donc contre le gouvernement en même temps qu'elle disperse les forces gouvernementales ». Il met à son programme l'établissement d'une république. Après son installation, au soir du 24 février 1848, la IIe République va prendre des mesures politiques, financières et sociales importantes. Son gouvernement est bicolore : à la fois républicain et socialiste. Des réformateurs socialistes comme Louis Blanc et Ledru-Rollin y côtoient des libéraux comme Marie et Cremieux.

C'est par son travail, justement rémunéré, que le pauvre atteindra cette liberté encore réservée au riche. Il fait sienne la devise des ouvriers lyonnais, affamés et révoltés : « Vivre en travaillant ou mourir en combattant. » Afin d'éviter les révoltes et de permettre une intégration de la classe ouvrière à la société en transformation, Louis Blanc proclame : « Nous voulons un gouvernement qui intervient dans l'industrie parce que là où on ne prête qu'aux riches, il faut un banquier social qui prête aux pauvres. »

Analysant la société d'avant la révolution de 1848, il ajoute : « Ainsi fait la société aujourd'hui. Elle se sent mourir et nie sa décadence. » Signe aigu de la crise, le chômage est présent partout et les actions du gouvernement dans les domaines économique et social sont très attendues.

Les Ateliers nationaux : « Un travail garanti pour tous »

Le gouvernement provisoire décrète l'établissement immédiat d'Ateliers nationaux. Cette déclaration est inattendue pour l'époque. Elle établit une obligation de fournir du travail par le biais d'institutions publiques : les Ateliers nationaux. Ceux-ci constituent une étape importante dans l'histoire de notre chômage. Pour la première fois, l'intervention de l'État en France en matière économique, contre le chômage, sert de modèle et de contre modèle. Le socialiste Louis Blanc souhaite résoudre le problème des ouvriers sans travail. Pour cela, il préconise le lancement d'un grand emprunt et la création d'Ateliers nationaux. Il demande aussi la nationalisation des terres, conscient du rôle primordial de la terre pour fournir du travail à l'ouvrier agricole.

En réalité, ces Ateliers nationaux, véritable socialisme du réel, sont mis en place dans l'urgence afin de préparer les infrastructures pour les chemins de fer nationaux et les travaux de voirie de Paris. Des centaines de milliers d'individus affluent. Tous ne trouvent pas du travail, mais il faut rapidement organiser cette masse de travailleurs demandeurs d'emplois. Une des premières tâches des Ateliers a été de remettre en état les rues de Paris dévastées par les combats de la révolution de Février. Les salaires sont faibles mais ils permettent à de nombreuses familles ouvrières de subsister. Mais au-delà ils portent en germe une organisation socialiste de la société, ce qui effraie la bourgeoisie. À travers leur échec (la désorganisation du travail à l'intérieur et l'absence d'objectifs clairs vont précipiter leur sabotage), le pouvoir souhaite discréditer Louis Blanc et tous ceux qui utilisent les Ateliers, même si l'objectif est de lutter contre le chômage.

La dissolution des Ateliers est réclamée le 21 juin 1848. On décrète alors que tous les ouvriers de plus 25 ans seront envoyés en province pour effectuer des travaux et les jeunes partiront à l'armée. Une véritable guerre civile s'ensuit, constituant, sans doute, le premier affrontement de classes de l'histoire de France. Malgré cet échec, les Ateliers nationaux représentent alors un enjeu essentiel : la première intervention, en France, de l'État en matière économique et la volonté affirmée de faire du social une priorité. La lutte pour le droit au travail pour tous structure aussi l'action ouvrière.

Le combat contre le chômage, à partir de l'expérience de ces ateliers et de leur échec, fait émerger une question qui court encore aujourd'hui : le droit au travail. La constitution de 1848, dans son article 8, répond en partie à cette revendication : « La République doit assurer l'existence des citoyens nécessiteux, soit en leur procurant du travail, dans les limites de ses ressources, soit en donnant, à défaut de la famille, des secours à ceux qui sont hors d'état de travailler. » On y retrouve les propos du comité de mendicité de 1791 : « Si l'État ne peut pas être prévoyant pour chaque individu, il doit l'être pour tous » (La Rochefoucauld-Liancourt).

Le droit au travail se situe donc au cœur du débat. En 1866, la France comptait 2,8 millions de travailleurs dans l'industrie. De 1866 à 1896, la croissance des ouvriers est de 1,3 % par an. Le prolétariat industriel s'y constitue avec plus d'un demi-siècle de retard par rapport à l'Angleterre. L'attirance de la ville se confirme puisqu'entre « 1866 et 1906 [...] les urbains passent de 30,5 % à 42,1 % de la population totale ». Pendant le même temps, le nombre des ouvriers agricoles diminue de 20 %. Le développement de la classe ouvrière est sans doute le fait le plus marquant de la transformation de la structure sociale de cette deuxième moitié du siècle. Plus encore, c'est la figure de l'ouvrier, prolétaire moderne, qui triomphe. Il sera l'élément moteur des nouvelles représentations sociales et des luttes à venir. La société a changé.

Cependant, cette prospérité générale cache mal la paupérisation d'une partie non négligeable de la population. Plus encore, c'est l'industrialisation qui transforme la pauvreté individuelle en paupérisme de masse. En effet, cette richesse globale n'empêche pas de nombreux travailleurs de sombrer dans la marginalité de l'exclusion sociale. Ils sont sous-payés ou perdent leur travail à l'occasion de nombreuses crises de croissance.

En 1867, paraît l'ouvrage de Karl Marx, *Le Capital.* Paradoxalement, le chômage y est absent. L'économiste ne se pose jamais la question de sa réduction ou de son élimination. Il décrit toutefois le processus favorisant cette « armée de réserve » disponible et paupérisée. Il explique l'existence de deux types de capitaux: le capital fixe, les moyens de production « non humains » — les machines, par exemple — et le capital variable représenté par la main-d'œuvre. Pour lui, la mécanique produisant cette armée de réserve est simple: toute expansion de production accroît la demande de travail. En réponse, les salaires augmentent suivant les lois du marché. Les entrepreneurs font alors un arbitrage en faveur du capital fixe: ils achètent des machines. Ils diminuent le capital variable: les travailleurs. Les ouvriers licenciés sont rejetés en dehors de l'emploi. Ils sont à nouveau « en réserve ». C'est d'ailleurs une des contradictions du capitalisme: alors que le profit vient du travail humain, le système, dès qu'il le peut, diminue son importance.

Plus encore, pour Marx: le système fonctionne de façon optimum grâce à cette armée de réserve disponible. Le point le plus novateur des écrits de Marx concernant le chômage est plus fondamental. Il oppose la pauvreté de l'ouvrier, produite par la machine, au système capitaliste. En considérant l'armée de réserve disponible comme composante à part entière de ce système, il inverse la vision des « sans travail ». Il pense que ces situations sont normales, générées par le système, voire qu'elles lui sont nécessaires! La présence de « cette armée de réserve » traverse les siècles.

Le chômage se constitue alors comme une composante du système. Il va falloir l'intégrer dans les données économiques et politiques. La nouvelle rigidité du travail, due à la rationalisation des tâches, rend inéluctable « le chômage moderne ». On compte à cette époque 200 000 chômeurs dans la région parisienne.

Ainsi, la question sociale ne peut plus se réduire à l'existence de la misère individuelle. À la fin du XIXe siècle, le chômage apparaît comme la formulation contemporaine de la « nouvelle question sociale ». Le chômage et le paupérisme deviennent, avec la division du travail industriel, un des éléments majeurs de la société. D'un seul coup, le pauvre n'est plus ce qu'il était : si les ouvriers sont victimes des circonstances, alors les références morales qui leur sont liées tombent ! La cause de leur pauvreté est indépendante de leur volonté. Comme l'écrit C. Topalov dans son ouvrage *Naissance du chômeur*, « le chômage plonge des masses d'hommes dans la misère sans que ce soit leur faute. Les catégories de personnes affectées par de telles calamités sont composées pour la plus grande part d'ouvriers, qui, dans les circonstances normales, assurent leur entretien et celui de leur famille par le produit de leur travail ».

La naissance du chômeur moderne et la fièvre des statistiques

Au même moment, les mathématiques et les statistiques viennent au secours de l'économie politique, ce qui constitue aussi une révolution. Les économistes de l'époque, à la suite de Léon Walras dans *Principe d'une théorie mathématique de l'échange*, établissent des lois qui guideront la recherche dans le domaine du chômage tout au long du XXe siècle. Il indique notamment qu'il doit exister une situation de plein-emploi pour l'industrie. Mais il ajoute que le chômage est aussi possible. Toutefois, sur le long terme, un équilibre s'établit : le salaire réel et le plein-emploi s'ajustent et le chômage disparaît.

Pour que cet équilibre se produise, il faut que le travail salarié régulier constitue la forme dominante de l'emploi. Le changement majeur de la fin du XIXe siècle est l'établissement du statut de salarié régulier. On commence aussi à imaginer que les individus éduqués et rationnels de la société en construction contracteront une assurance contre le chômage. Les imprévoyants, tout comme « les malades, les infirmes et les paresseux seront placés sous la juridiction de la charité, en dehors du droit économique ». La prévoyance, apanage de la modernité, contribuera à diviser les pauvres. D'un côté, ceux qui travaillent habituellement, victimes involontaires d'un « chômage forcé » ; de l'autre, les pauvres sans travail chronique souvent appelés « nécessiteux sans travail ». Les premiers vont rapidement cotiser pour s'assurer contre le « chômage moderne », les autres resteront sous le régime de l'assistance.

À la fin du XIXe siècle, la pensée néoclassique triomphe et le marché du travail est établi de façon analogue à n'importe quel marché : toute offre crée son marché et le travailleur a toujours la possibilité de travailler... aux prix de ce marché ! Mais en même temps, en constatant que « des changements profonds se sont produits, et en très peu de temps, dans la structure de nos sociétés », le sociologue Émile Durkheim et l'ensemble de l'élite réformiste demandent une nouvelle régulation sociale.

On évoque alors l'idée que pour combattre le chômage on pourrait créer des colonies industrielles pour faire disparaître l'indigence et le vagabondage. Cette idée de « camps industriels » est reprise dans toute l'Europe, notamment en France, en Grande-Bretagne, en Suisse, en Belgique, en Amérique. On imagine alors que l'apprentissage de la vie collective va réinsérer automatiquement ces individus « sans travail ». Ce sont des établissements qui s'apparentent plus à des prisons qu'à des entreprises modernes. Ces camps deviennent seulement des réceptacles à la misère sociale et aux « sans-emploi ». Ils n'apportent aucune solution au problème du chômage.

Sous la forme de « colonies agricoles », permettant le défrichage de terres vierges, ces camps connaissent un succès éphémère. On comprend pourquoi la perspective de réinsérer par le travail de la terre séduisait une partie des milieux conservateurs. En même temps qu'elle permettait la remise au travail, elle réinsérait dans un lieu fixe le travailleur déraciné. « Dans l'état actuel de la société, en France et en Europe, c'est dans l'agriculture que se trouve l'unique remède du paupérisme » (A. de Villeneuve-Bargemont, *Recherches sur la nature et les causes du paupérisme*, Paris, 1834).

Au début du XXe siècle, on affine la notion du chômage et on distingue « chômage occasionnel » et « chômage systématique ». La réponse est claire : ce sont les dépressions industrielles récurrentes cycliques qui se trouvent à l'origine du premier. La concurrence, vantée par les économistes classiques, a néanmoins une retombée sociale dommageable pour les travailleurs et la société tout entière. Quant au deuxième type de chômage, il concerne les individus « qui ne veulent pas ou ne peuvent pas travailler avec assez de régularité ou d'énergie pour rendre possible leur emploi régulier [...] ». Il est nécessaire de leur appliquer « une discipline bienveillante mais sévère ».

La distinction entre la pauvreté individuelle et la perte d'emploi involontaire est, malgré tout, maintenant largement admise. Le chômage est traité de plus en plus comme un problème social. La paresse individuelle et la « non-adaptation » au système ne sont plus les causes principales de sa présence endémique. La notion de chômage involontaire bouscule l'idée qui faisait du pauvre un individu irrémédiablement rejeté.

La France suit le mouvement général. C'est à l'occasion du recensement de 1896 qu'apparaît pour la première fois la catégorie « chômeur » dans son sens moderne. C'est un progrès, au moins dans le domaine des sciences sociales. Jusqu'alors on n'y rencontrait que la catégorie « population non classée ». Elle n'était ni active ni inactive et regroupait les « sans-profession ». On y retrouvait, pêle-mêle, les vagabonds, les « sans-ouvrage », les bohémiens, les saltimbanques, les filles publiques...

La réalité des périodes de travail par rapport aux moments de repos permet au statisticien de mieux définir le chômage. La généralisation du contrat de travail régule et rend objective la catégorie de chômeur. En ce sens, c'est enfin la découverte du « chômeur moderne ». Ce chômage est différent car le travail, lui aussi, est différent. Périodes de travail bien déterminées, temps de travail fixé, régularité de l'emploi, nature de la tâche précisée sont les caractéristiques de la division moderne du travail. Quoi qu'il en soit, le chômage demeure, comme auparavant, une période où l'individu n'a plus les moyens de gagner sa vie pour se nourrir.

Malgré tout, ce qui rend encore difficile ce classement, c'est l'absence de représentation unique du chômeur. De plus, on remarque alors que tous ceux qui sont au chômage n'ont pas de travail, mais les individus sans travail ne sont pas obligatoirement chômeurs ! C'est ce qui fait dire au chef du recensement de 1896, Lucien March, que « nous n'aurons à définir le chômage que le jour où nous pourrons lui apporter un remède [...] sans donner de définition du chômage, il est préférable que les statistiques soient améliorées ».

Chômage faute d'emploi, chômage faute de travail

Grâce au chômage et son décompte, les méthodes statistiques de dénombrement de la population vont progresser. Elles seront identiques jusqu'en 1936. La création d'un office du travail en 1891 viendra compléter le dispositif qui permettra d'établir le nombre « si intéressant à connaître, des employés et ouvriers au chômage faute d'emploi ». La modernité est sans doute là : « le chômage faute d'emploi », différente du « chômage faute de travail » ! Les conséquences pratiques de ce dénombrement ne tardent pas. Après avoir engagé un débat sur le chômage, les ouvriers présents au conseil de l'office du travail — émanation du nouveau ministère du Travail — recommandent une aide de l'État à la réalisation de travaux publics d'intérêt général en cas de crise industrielle. Les statistiques sur le chômage viennent alors en soutien des revendications ouvrières.

Dans son livre, *Unemployment: a problem of industry*, William Beveridge écrit que le chômage est un problème social et politique et qu'il relève en grande partie du développement de l'industrie et que si le nombre de chômeurs est inévitable, il faut faire en sorte de le rendre le plus petit possible. Le chômage doit être éradiqué et c'était même alors une priorité politique.

Pendant le même temps se tient à Paris la première conférence sur le chômage. Il est fortement question de la relation entre l'assurance et le chômage, les moyens de prévenir et de guérir ce « fléau ».

La guerre de 1914-1918 fera passer au second plan le problème du chômage, qui redevient un sujet d'actualité avec la paix revenue. Dans plusieurs pays d'Europe, comme l'Italie, l'Autriche et la Pologne, on tentera de venir en aide aux ex-soldats. Mais les tentatives seront vaines pour combattre efficacement la montée du chômage d'après-guerre.

Le début du XXe siècle, la mondialisation du chômage

Le chômage établi entre les deux guerres mondiales

Pendant cette période, le chômage rythme la vie quotidienne et si la situation est très différente selon les pays, l'Organisation internationale du travail de la Ligue des nations, commence de se préoccuper du chômage en publiant dès 1923 un rapport s'intitulant *Remèdes contre le chômage, l'état de la question dans les différents pays.* Au même moment, un jeune économiste, qui fera parler de lui par la suite, John Maynard Keynes, écrit en 1924 un article : « Le chômage nécessite-t-il un remède drastique ? »

Keynes fait jouer au chômage un rôle nouveau notamment par rapport à la demande. Pour lui, comme il l'explique dans son texte *The general theory of employment, interest and money*, les mécanismes économiques naturels ne tendent pas au plein-emploi. Ce qui veut dire que la flexibilité des salaires, et en réalité leur réduction, ne suffit pas à résorber le chômage. Ce qui se vérifie principalement en Angleterre dans les années 1920. Le chômage est au plus haut et pourtant les salaires ont aussi baissé de 10 %. Pour lui, la cause de ce chômage se trouve dans l'insuffisance de la demande effective. Le débat contemporain sur le chômage est vraiment lancé, puisqu'il s'agit alors de diminuer le chômage par l'augmentation de la demande et de la masse salariale.

La nouveauté est donc l'introduction durable du concept de chômage moderne involontaire, variable économique. Ce qui dans les années 1920 représente une avancée importante par rapport aux conceptions des économistes classiques et à la société tout entière. À cette époque, tout le monde économique et politique aborde le problème du chômage en fonction de théories selon lesquelles le chômage n'existait pas fondamentalement. Certes, on le rencontrait en cas de crise, mais il se résorbait tout seul après. C'est une rupture importante par rapport aux conceptions classiques faisant dériver le chômage de salaires trop élevés et de la volonté des salariés de ne pas accepter des baisses de salaires.

Le nouveau monde de la priorité du plein-emploi

Le plein-emploi, la société du bien-être, l'acceptation d'un déficit budgétaire pour réaliser ces politiques forment les éléments d'une révolution qui ébranle le monde. La monnaie et l'étalon-or étaient les idoles d'un monde conduit par la finance, le chômage retourne la donne. Il doit être d'abord combattu et le plein-emploi réalisé. Il met fin aussi à la loi de Say, en vigueur depuis la fin du XVIIIe siècle. Cette loi des débouchés stipulait que la production de marchandises engendre la demande globale effective suffisante pour acheter la totalité des biens produits. La surproduction est alors impossible.

Le chômage est désormais « comparé à un fléau ou à la peste : il vous frappe sans prévenir et entraîne beaucoup de misère et de souffrance. Éventuellement il répand ses poisons sur l'ensemble de l'existence humaine et la conception du monde [...] les symptômes les plus patents de cette plaie furent au nombre de trois : une diminution sans précédent du pouvoir d'achat, une baisse de la demande et donc de la production et une augmentation du chômage à une échelle jamais rencontrée » (J. A. Garraty). L'intervention des États s'avère nécessaire pour éviter à la société de basculer dans le chaos.

Le chômage, donnée économique, dépasse alors son statut de question sociale pour devenir un fait politique. Si son indemnisation et sa prévention constituent un des fondements du système de sécurité sociale des pays occidentaux, il accède de surcroît au statut d'instrument de la politique économique. En portant sur le devant de la scène le chômage, la dépression de 1929 montre qu'il ne s'agit plus alors d'un relevé statistique ou d'un « taux ». Il devient à lui seul la métaphore de la crise : « Le chômage c'est la crise ! » Les queues de chômeurs devant les soupes populaires aux USA, notamment, ont marqué les esprits. La société (y compris les milieux artistiques de la littérature, du cinéma, du théâtre) est frappée. Elle s'est alors saisie du sujet pour libérer l'angoisse sociale et individuelle.

Le chômage, une des causes de l'arrivée au pouvoir de Hitler en Allemagne

Pendant que l'Angleterre « choisit le chômage », l'Allemagne va le subir, ce qui va contribuer à précipiter ce pays dans l'abîme. On sait aujourd'hui que le chômage est une des causes de l'arrivée au pouvoir de Hitler en Allemagne. En 1932, 30 % de la population est au chômage, sans compter la précarité de 8 millions d'individus. La remise au travail de tous est un slogan des campagnes électorales du parti nazi. Le rôle des industriels, des syndicats, et de l'ensemble des acteurs sociaux de ce pays, a été tel que tous les électeurs ont déserté les partis démocratiques pour se ranger derrière les bannières communistes ou nazies, prétendant que seuls ces mouvements les défendraient en donnant du travail à tous.

L'Allemagne sort de la guerre de 1914 amputée de 1/7e de son territoire, perd 1/10e de sa population et 50 % de sa production d'acier. La conférence de Londres a fixé à

132 millions de marks-or les réparations à payer. Afin de diminuer le poids économique et social du Traité de Versailles, le gouvernement allemand décide de faire fonctionner « la planche à billets ». La création de monnaie entraîne automatiquement le développement de l'inflation. Cette politique d'hyperinflation permet effectivement de financer les réparations, d'alléger la dette et d'éviter dans un premier temps le chômage et les troubles sociaux.

Mais l'Allemagne éprouve des difficultés à s'adapter à la transformation du monde. Des phénomènes paradoxaux commencent à apparaître : « [...] la population active disponible continue à s'accroître... en même temps un déficit de population active se fait sentir dans les branches qui ont besoin de main-d'œuvre qualifiée » (Michel Hau, *Histoire économique de l'Allemagne*). Cela montre la difficile mutation de la société allemande d'après-guerre. Les changements structurels, la modernisation de l'industrie et la rationalisation du travail créent alors un chômage en grande partie dû à la moindre adaptabilité de la population allemande. Au XIXe siècle, la société avait transformé des paysans en ouvriers, en 1920, l'Allemagne, éprouve des difficultés à changer un ouvrier d'usine en un autre ouvrier d'usine plus performant. Un « chômage d'adaptabilité » se développe dans ce pays.

De plus, la vie quotidienne est rendue difficile par la fluctuation de la monnaie. Il est bientôt nécessaire d'acheter son pain avec une « brouette remplie de marks ». Ces billets sont fortement dévalués. Cependant, le PNB est en progression constante de plus de 5 % par an entre 1919 et 1923. Car le pays est porté par la dépréciation considérable du mark stimulant les exportations tout en interdisant les importations. Dans un premier temps, malgré des problèmes structurels importants, l'emploi est malgré tout favorisé. L'amélioration est spectaculaire : à la fin de la guerre, en 1919, le chômage atteint 7 % de la population active, il n'est que de 0,6 % en 1922. Au contraire de l'Angleterre à la même période, où la monnaie est maintenue à un haut niveau et le chômage se situe à 15 %.

Crainte du chômage, collaboration de classe

En Allemagne, si le chômage est si bas pendant cette période c'est aussi qu'il constitue, de façon systématique, la priorité des pouvoirs publics. « Controversée jusqu'en 1914, la légitimité d'une intervention de l'État en matière de chômage devient en 1918, avant même les événements révolutionnaires, l'objet d'un consensus national » (Bénédicte Zimmermann, *La Constitution du chômage en Allemagne*). L'État-nation forme alors l'espace naturel d'une politique de lutte contre le chômage. L'opportunité étant acceptée par tous, les modalités de cette priorité sont seules l'objet de débats. Le cadre de cette action politique est posé dès le sortir de la guerre par la recomposition des forces politiques autour de la question du travail. La défaite ayant entraîné un rapprochement inattendu entre le patronat et la social-démocratie, elle permet le développement d'un droit du travail plus protecteur.

On crée alors l'obligation d'instaurer un fonds d'assistance aux chômeurs. Les ouvriers et les patrons en ont la gestion. Il ne s'agit plus d'une assistance aux pauvres mais d'une véritable aide à la reprise du travail des démobilisés. Les bénéficiaires sont toutes les personnes « désireuses de travailler, se trouvant dans un état de besoin suite au manque d'activité occasionné par la guerre ». Cette assurance chômage de grande ampleur (*Arbeitslosenversicherung*) vient compléter tout le système d'assurances sociales mis en place par Bismarck à la fin du siècle précédent.

La volonté du patronat allemand de favoriser la participation du mouvement ouvrier à la reconstruction économique est constamment affirmée, l'objectif étant de préserver la paix sociale. Mais surtout, le patronat préfère encourager un partenariat avec les ouvriers plutôt que de laisser l'État intervenir directement dans l'économie. Cette main tendue est accueillie favorablement par la majorité des organisations syndicales sociales-démocrates. On assiste alors à la fin de la guerre à une situation inédite. Toute une frange du mouvement ouvrier, les plus qualifiés, est partisane d'une négociation paritaire pour éviter un chômage de masse, alors que se développe par ailleurs une agitation révolutionnaire.

La lutte contre le chômage devient la priorité absolue et le plein-emploi, la préoccupation principale de l'action de l'État. Démocratie sociale et démocratie politique vont alors de pair. Ce sera la marque de fabrique de la République de Weimar à ses débuts. Elle laisse encore son empreinte aujourd'hui. Au travers du règlement de la question du chômage, c'est l'appartenance à la collectivité nationale qui se trouve renforcée. La société allemande est placée sous le double signe de la production et de la solidarité. D'une certaine façon, la crainte du chômage a permis la création d'une société de « collaboration de classe » fondée sur la cohésion sociale et la paix.

La politique suivie est à l'opposé de celle appliquée en Angleterre. Là-bas le contrat de travail reste privé et le gouvernement opte pour le non-interventionnisme en matière sociale et économique, l'État veille seulement à la forte parité de la monnaie. Ici on assiste à la constitution du chômage comme une catégorie à part entière de la politique publique. La socialisation des risques de chômage est dès lors envisageable. Mais la crise économique de 1923 aura raison de cette période de « collaboration de classes ».

Il faut assainir les finances publiques pour pouvoir entrer dans le concert des nations européennes. La volonté de donner la priorité à la stabilité monétaire fera le reste.

Le plan d'austérité, conséquence de la priorité donnée à la monnaie

C'est dans cette période d'après-guerre que l'Allemagne emprunte aux États-Unis des sommes considérables, les taux d'intérêt étant très favorables. Entre la création de monnaie et l'emprunt à court terme, les Allemands liquident donc la dette publique par l'hyperinflation. Dans ce pays, ceux qui détiennent des capitaux sont ruinés. Ils accusent alors la « finance internationale » d'avoir pillé le pays et viennent nourrir les rangs des nationalistes xénophobes. La monnaie traditionnelle allemande a disparu. Mais surtout, l'inflation est un mot et une politique qui seront bannis en Allemagne jusqu'à aujourd'hui.

En réalité, l'inflation considérable « est plus que compensée par la dépréciation forte et continue du mark ». Mais cette inflation inconsidérée décourage aussi les investissements. Cédant comme en Angleterre aux financiers, le nouveau gouvernement allemand change à 180° de politique. Il vote un plan d'austérité pour mettre fin à l'inflation et décide la mise en circulation d'une nouvelle monnaie. Nous sommes en 1924 et le mark est échangé à raison de 1 000 000 000 000 anciens marks papiers pour 1 nouveau mark. Avec une telle dépréciation de la monnaie, il est maintenant impossible d'avoir une vie économique normale : entre le moment où on « touche la paye » et celui où l'on achète les produits, le prix de ceux-ci a déjà grimpé.

Le Reichsmark, gagé sur l'or, devient une monnaie respectable. Les mêmes causes produisant les mêmes effets, la maîtrise de la croissance de la masse monétaire permet d'équilibrer le budget. En 1924, après plusieurs années de déficit, le budget de l'État est excédentaire. Les capitaux reviennent, ce qui est positif. Mais immédiatement et mécaniquement, le plan d'austérité entraîne une dépression sur l'économie. Les exportations diminuent et le chômage progresse alors massivement pour atteindre plus de 10 % en 1926. Les industriels allemands en profitent pour réduire un peu plus la masse salariale de leurs entreprises en modernisant et en licenciant. L'effet cumulatif de la monnaie permet de dire : « C'est la faute à la monnaie forte ! » Selon un réflexe bien connu, ils optent pour un allégement du capital variable, les hommes, et pour renforcer le capital fixe, les machines. Mais en même temps, les communes mettent en place une politique sociale dynamique. Majoritairement socialistes, elles engagent des programmes ambitieux de reconstruction sociale. Malgré tout, le chômage atteint 10 % à la veille du krach de Wall Street en 1929.

Pendant la même période, le reste de l'Europe est plus ou moins touché. En Suède, par exemple, la crise est patente durant cette période. Les pouvoirs publics souhaitent lutter contre l'inflation, mais en développant des politiques anti-inflationnistes : le chômage atteint alors 10 % de la population active. Les économistes en font porter la responsabilité sur les salaires élevés de ceux qui travaillent. On imagine que la déflation peut résoudre les problèmes. Si on arrive à diminuer le coût de la vie au niveau d'avant la guerre de 14-18, il se peut que les individus acceptent des réductions de salaires. En 1927, une commission sur le chômage propose alors, pour résoudre la crise du chômage, la création de programmes de travaux publics. Mais là aussi, la crainte d'un emballement des déficits publics pose le problème du financement de ces travaux et empêche de mener à terme cette entreprise.

Entre 1919 et 1929, le contraste est saisissant entre l'ensemble des pays européens, où le chômage se développe comme question sociale, et deux pays qui semblent avoir échappé à la crise du chômage : la France et les États-Unis.

De 1945 à nos jours : le chômage contemporain

Par un curieux retournement de l'histoire, la période contemporaine, qui voit aujourd'hui le problème du chômage constituer le fléau social le plus préoccupant dans nos sociétés occidentales, a commencé par un long épisode où le chômage n'existait pratiquement plus.

La révolution keynésienne : la fin du chômage ?

John Maynard Keynes, observateur et acteur du système économique de l'entre-deux-guerres, attire l'attention sur l'importance du chômage dans le système libéral. Il indique notamment que le sous-emploi, autrement dit le chômage, tel qu'il a été vécu pendant la grande dépression peut être combattu. Il place donc le chômage au centre d'une politique publique. Ce qui constitue une véritable « révolution copernicienne » dans le rapport de l'État avec l'économie. Après la deuxième guerre mondiale, l'ensemble des pays industrialisés suivirent les « recettes » issues du traitement du chômage et adoptèrent l'idée que le plein-emploi pouvait être le fondement d'une politique économique. Pour lutter contre le chômage, les politiques publiques pouvaient soutenir la production et la consommation. L'interventionnisme économique de l'État moderne tel que nous le connaissons aujourd'hui est directement issu de cette crise.

Ce qui montre une fois de plus que les théories économiques ne naissent pas dans le vide. Elles ont un rapport direct avec les conditions objectives d'une époque déterminée. En décrivant la politique économique dans nos pays capitalistes comme un ensemble de liens qui se tissent entre le chômage, les taux d'intérêt et les politiques monétaires et fiscales, Keynes fit jouer un rôle inattendu au chômage qui a conforté à cette occasion son rôle d'acteur à part entière de l'histoire.

Avec la reconstruction, les standards de vie avaient changé, l'investissement et la consommation repartaient, les taux d'intérêt bas et les impôts réduits permettaient d'espérer en l'avenir. Avec la « paix américaine », le bouclier keynésien stimulait la modernisation de nos sociétés. Les plus libéraux avaient adopté la politique de plein-emploi. Dans les années 1960, le président des États Unis lui-même, Richard Nixon, qui n'était pas le moins libéral, annonçait triomphant : « Je suis un Keynésien. » Les mots de chômage et de dépression disparurent comme par enchantement, et c'est vrai que pendant les années d'après conflit, à chaque fois que pouvait apparaître çà et là un peu de chômage, le remède keynésien fonctionnait.

En France, en 1960, on compte 300 000 chômeurs, le plein-emploi est là, l'industrie manque de bras. Tout le monde est au travail et peu d'ouvriers goûteront plus de 10 années de retraite. L'État planifie. L'exode rural ne suffit plus à pourvoir aux emplois que l'industrie demande.

Mais l'inflation importante des années 1970 avait changé la donne et les remèdes keynésiens du plein-emploi furent remis en question. Ils constituent néanmoins un moment privilégié de l'influence « motrice » du chômage dans la théorie économique.

La stagflation, combinaison du chômage et de l'inflation

À partir du milieu des années 1970, après la crise du pétrole, la théorie néo-keynésienne selon laquelle le chômage et l'inflation évoluent dans des sens opposés a été infirmée par les faits puisque c'est la décennie où un fort chômage et une forte inflation se sont combinés pour donner ce qu'on appelle la stagflation. Ce néologisme constitue la « seconde mort » de Keynes. Il y avait pire que le chômage : l'inflation. La conséquence première a été de lutter contre cette inflation, en choisissant de laisser le chômage se développer.

Mais en même temps des comportements irrationnels face au chômage se font jour. La relation que la notion de chômage entretient avec les individus, y compris les hommes politiques d'aujourd'hui, en est la preuve. Malgré ses conséquences néfastes, certains dirigeants sont prêts à choisir de créer du chômage si les circonstances le demandent. De leur côté, les travailleurs le craignent, mais tombent quelquefois sous le charme de l'inactivité professionnelle, surtout lorsqu'elle est indemnisée. Les entreprises voient en lui une solution à la baisse de la demande de leurs produits, ce qui n'est pas très positif; mais aussi à l'augmentation de l'offre de travail disponible, ce qui n'est pas mauvais.

Dans l'histoire récente, les conservateurs, qui redoutaient l'inflation, en ont tiré paradoxalement un certain profit. Quant au chômage tant craint par les libéraux, il occasionne aujourd'hui une telle tension à la baisse des salaires qu'il fait les affaires du capital. On se satisfait aussi d'un taux de chômage qui serait naturel : il s'agit d'un taux de chômage au-dessous duquel il est impossible de descendre sans risquer de faire monter les prix. On le sait, il est fonction de l'époque, du lieu et des réactions des acteurs économiques.

La « préférence française pour le chômage »

En France, Michel Albert, alors commissaire au Plan, dans les années 1970 posait une question qui fit florès :

« Peut-il y avoir une préférence pour le chômage ? », autrement dit le chômage est-il une solution plus qu'un problème, une régulation plus qu'un accident.

Denis Olivennes, dans une note intitulée « La préférence française pour le chômage », reprend la thèse qui veut que, notamment en France, le chômage ne serait pas le fléau que l'on semble décrire, mais l'élément principal du consensus. Le refus de changer la nature du marché du travail en conservant l'ensemble des acquis de l'après-guerre serait alors la cause du choix pour le chômage. Nous ne voudrions pas le plein-emploi, c'est aussi ce que reprend Alain Minc dans *La France de l'an 2000*, en écrivant que le chômage serait « le résultat de choix collectifs ».

En modifiant la focale encore une fois, le chômage devient peut-être un sujet positif permettant de lutter contre la logique outsiders/insiders. En fait, la crise du chômage remet en cause la politique de l'État-providence. Le paradoxe le plus étrange est que les chômeurs, qui bénéficient pour certains d'une protection sociale importante, seraient aussi ceux qui fabriquent le chômage

Dans cette période, un grand nombre d'essais paraissent sur le thème de *L'Horreur économique* ou de la fin du travail. C'est aussi le moment où en France on trouve un moyen inédit pour diminuer le chômage : il faut mieux le répartir. C'est l'aventure des 35 heures qui devaient vaincre l'hydre du chômage. En réalité, le chômage et les 35 heures continuent de cohabiter.

On se souvient d'un président de la république conditionnant sa candidature pour un second mandat à l'inversion de la courbe du chômage. Chaque mois comme un mauvais feuilleton, les médias annonçaient à grand renfort de préparation psychologique que la courbe ne s'inversait toujours pas ! Le chômage est un grand paradoxe, sujet majeur de préoccupation et objet mineur d'action. Comme une *doxa* naturelle et implacable: les économistes, les pouvoirs publics répètent à l'envi que les plus de 3 000 000 citoyens au chômage total « qui sont tenus de faire des actes positifs de recherche d'emploi » et les près de 5 000 000 autres « qui ont une activité professionnelle réduite ou en formation », les plus de 55 ans sans travail et les habitants sans emploi des quatre départements français d'outre-mer, sont inadaptés au monde moderne et donc en partie responsables de leur situation. Aujourd'hui le sujet, c'est l'inadaptation des hommes qui se trouvent dans cette situation. Inadaptés à quoi ? Sans doute à l'absurdité d'un monde où l'on favorise comme jamais l'accumulation d'un capital de rentiers où « les profits d'aujourd'hui sont plus les investissements de demain et encore moins les emplois d'après-demain ». Car les profits existent bien, mais le théorème s'arrête là. Exclus de cette accumulation du capital, ces outsiders se trouvent non seulement dans l'incapacité de profiter des fruits d'un travail intégrateur, mais aussi dans une situation d'assistés qui devient insupportable pour eux et également pour l'ensemble de notre société.

La dimension prise par le niveau de chômage a modifié fondamentalement la nature de l'intervention de l'État. Toutes les mesures prises lorsque le chômage était contenu et réversible entraient dans le champ d'une politique sociale liée au progrès. Mais le chômage durable de masse que nous connaissons entraîne inévitablement la prise de mesures structurelles essentiellement pour le combattre mais aussi afin de faire en sorte que la société n'implose pas.

Ce chômage involontaire pour ceux qui le subissent constitue une telle obsession sociale que l'on n'imagine plus vivre sans lui. Car, comme on l'a vu précédemment, une aussi longue période de montée du chômage n'est pas que liée à l'absence de croissance mais aussi, on ne le souligne pas assez, à la précarisation du contrat de travail. Si la fin du XIXe siècle et le début XXe siècle furent marqués par l'avènement de l'intégration sociale par le travail et sa rationalisation en délimitant par la loi les périodes de travail et de repos, la fin du XXe siècle et le début du XXIe siècle, marqués, eux, par une volonté de casser l'État-providence et le lien pérenne à l'emploi, offrent le spectacle d'une société minée par le chômage et l'insécurité sociale.

À tel point que l'on peut légitimement se poser la question : le pacte hobbesien fondateur a-t-il encore un sens au moment où l'on oublie que la société, surtout démocratique, est créée pour le bien de l'individu ? Pour la première fois, depuis l'avènement de la société industrielle, les nouvelles générations vivront moins bien que leurs aînés. Le lien social dont le travail était porteur jusqu'alors s'est transformé, créant ainsi des chaînes de dépendance et de coercition dont l'individu citoyen subit l'emprise. Ce dernier est ainsi empêché de profiter de la sécurité que le travail est censé apporter.

Le chômeur de nos jours est-il un citoyen comme les autres ? Non, et la fameuse fracture sociale est aujourd'hui intensifiée par la béance sociale qui sépare l'insider, dont la vie professionnelle est rythmée par un emploi intégrateur, de l'outsider qui a tout le loisir de chercher la faute qui l'a amené là où il est. La faute à l'Europe, la faute à l'euro, la faute à la mondialisation, la faute à l'absence de croissance, finalement si le chômeur est « par terre, c'est la faute à Voltaire ». En Europe, les pouvoirs publics n'ont qu'un credo : le retour de la croissance ! La baisse de la production sera enfin jugulée et automatiquement le chômage diminuera.

En réalité, la production a de moins en moins besoin de bras. Plus encore, la division du travail entre les entreprises, qui produisent les richesses par l'intermédiaire de leurs salariés, et les pouvoirs publics, qui sont censés apporter un filet de sécurité en cas de licenciement, ne fonctionne plus de façon efficace. En effet, d'un côté, les richesses sont créées de plus en plus par des machines, les entreprises embauchent moins, et, d'un autre côté, les pouvoirs en faillite budgétaire ne peuvent plus jouer le rôle protecteur qui leur était alloué.

Devant les transformations sociales induites par la mondialisation, la financiarisation et la mécanisation des activités de production, que faire des citoyens et de leur utilité sociale afin de redonner un sens à la vie en société ? En réalité, la France, depuis quarante ans, a procrastiné pour éviter de trop transformer la société, notamment le rôle du citoyen dans le processus démocratique en posant la question de son utilité sociale. On attend des jours meilleurs en indemnisant.

Cette analyse fut habilement développée en 1978 par Jacques Lesourne, alors président de la commission de l'emploi et des relations sociales du 8e Plan. Il constatait déjà avec amertume l'absence de solutions concernant l'inversion de la courbe du chômage (à l'époque on parlait des chômeurs et pas trop de courbes). Dépassant cette analyse, il indiquait l'existence d'une forme de consensus de nos élites sur la politique à suivre faisant à l'époque du chômage « une solution plus qu'un problème ». Il fallait éviter de nouveaux licenciements certes, mais surtout défendre les acquis sociaux obtenus depuis la guerre et utiliser le chômage pour partager les revenus et pas le travail. Au-delà de l'analyse, il demandait aux élites de repenser cette question.

Les mêmes élites qui, vingt ans après, désignaient l'État-providence à la française comme la cause de notre chômage. Dans une note restée célèbre, Denis Olivennes décrit ce mécanisme paradoxal : les chômeurs consolident eux-mêmes leur situation de chômage. Il n'y a pas loin à dénoncer la complicité objective de ceux qui acceptent volontiers leur situation d'outsiders. Si le chômage est si fort, c'est parce que les chômeurs ont une vie confortable, assistés permanents comme ils sont ! Seulement voilà, ce raisonnement a sa limite : ils n'ont pas choisi d'être au chômage.

Les pouvoirs publics nationaux demeurent impuissants face à la diminution de l'emploi. Car aujourd'hui l'emploi permanent devient une forme minoritaire du contrat de travail, puisqu'en 2021, plus de 80 % des embauches sont en contrat à durée déterminée. Nos gouvernants sont dans l'impossibilité de prendre des mesures autres que coercitives. La dernière est révélatrice : le nombre des chômeurs augmente ; alors, il suffit de rappeler la règle : l'obligation de chercher un emploi, sinon... Surveiller et punir tient lieu de politique.

Mais le chômage de tous et son indemnisation de plus en plus importante posent enfin le problème de la déconnexion du travail avec son revenu. Pour des raisons qui tiennent beaucoup au progrès, la production du nécessaire et du superflu demande de moins en moins de travail, mais distribue aussi de moins en moins de revenus. L'utilité sociale, qui commande le besoin d'agir avec les autres, d'un côté, et le revenu, de l'autre, s'en trouve de plus en plus inégalement répartie. En effet, dans une même société cohabitent ceux qui sont rémunérés contre un travail et ceux, de plus en plus nombreux, vivant au crochet de l'État-providence.

Conclusion

Le chômage est un marqueur du changement de société. Mais il n'est pas le seul révélateur de cette crise. Il a partie liée avec l'école, censée préparer l'homme et la femme de demain en leur donnant les moyens de se former. La crise du chômage est aussi symptomatique d'une incapacité à prévoir le changement de société. En effet, la rupture qu'annonce le chômage massif de longue durée est porteuse de la fin du travail « commandé et payé » (André Gorz, *Misères du présent*). Le travail serait alors intégré dans une série d'activités sociales dans le cadre de multi-activités. Avec le développement d'activités comme le bénévolat, le développement personnel des individus, on assiste aujourd'hui à une volonté d'échapper à la toute-puissance du travail économique.

Durant les années de montée en flèche d'un chômage ancré dans le paysage social, les termes de flexibilité, d'adaptabilité, de productivité connaissent un succès sans précédent. Mais il s'agit bien de rendre positif les conséquences d'un chômage dû à la rigidité de l'emploi tel qu'il est proposé depuis plus d'un siècle et demi. Des solutions passent en grande partie par « l'essor de la multi-activité et la diversité des lieux d'appartenance ». Pour cela il faut « redistribuer à chaque citoyen cette capacité de se réapproprier son capital temps, il faut le libérer de la nécessité de fixer ce temps pour gagner sa vie plutôt que de perdre sa vie à la gagner » (Centre des jeunes dirigeants, *L'Entreprise au XXIe siècle*). Ce qui est remarquable avec le questionnement de ces jeunes patrons, c'est qu'ils prennent en compte l'autonomie des individus. Ils en décrivent la société future envahie par un chômage incompressible. Ils envisagent alors un épilogue comprenant à la fois la fin du salariat et une sortie du capitalisme qui lui est lié.

La crise que le chômage de masse révèle n'est plus une situation conjoncturelle, comme le montre le chômage structurel. La solution ne viendra pas d'un rétablissement d'une situation antérieure, mais d'une mutation faisant appel à toute l'énergie créatrice de l'homme. Constatant que le capitalisme détruit aujourd'hui la nature (d'où le succès des thèses écologiques) mais aussi l'homme (en atteste le nombre croissant des exclus), il s'agit de le dépasser. Depuis la faillite du communisme d'État, symbolisée par la chute du mur de Berlin, on pensait le capitalisme seule voie d'avenir. La réflexion porte alors sur la différence entre société libérée et capitalisme. Le chômage est-il alors paradoxalement porteur de ces « terres promises » ? Depuis des années des pratiques sociales alternatives sont en gestation dans nos sociétés. L'autre développement est-il possible, c'est la question que pose la persistance du chômage. C'est la question que se posaient aussi les Anglais de la fin du XVIIIe siècle lorsqu'ils inventaient le revenu universel révélé par le Spenhamland Act. De plus, c'est ce que le Workfare du président Clinton en 1996 semblait indiquer. Mais on le sait aujourd'hui, cette manière d'appréhender ce revenu universel est caduque. Celui-ci stigmatise les pauvres et les chômeurs en particulier qui sont incapables et surtout font tout pour échapper au travail. La société doit les contraindre au travail. Le revenu minimum à tous doit être assez bas pour inciter de le compléter par un travail même peu payé. Il fonctionne comme une prime aux employeurs. Il facilite la précarisation et la flexibilité négative des travailleurs.

L'autre voie à rechercher est sans doute plutôt du côté d'une allocation universelle plus conséquente qui affranchisse le travailleur du marché du travail défaillant aujourd'hui. L'arbitrage individuel se joue alors entre la valeur d'usage et d'échange du travail. Au XXIe siècle, le progrès devrait permettre de refuser un travail et des conditions de travail non conformes aux avancées sociales. Cette allocation universelle se situe dans un domaine excluant l'assistance. Alors qu'après plus d'un siècle de progrès dus à l'assurance, tous les mécanismes (le RMI et le RSA, par exemple) replacent l'individu dans la dépendance de l'État social. Pour éviter ce retour en arrière, il semble indispensable de donner aux individus des moyens de se prendre en charge. Ce qui signifie finalement de concevoir le travail en dehors de sa rentabilité d'échange matérialisée par un revenu. Le travail est alors l'élément principal de la citoyenneté, à l'exclusion de la sphère privée. Ce qu'Anthony Giddens appelle « politique générative ».

On se souvient que Hannah Arendt, dans *La Condition de l'homme moderne*, entrevoyait la perspective d'une société de travailleurs sans travail, c'est-à-dire privés de la seule activité qui leur reste. Aujourd'hui, la prophétie semble se réaliser.

« Le chômage, l'avenir d'une illusion », sera plus prospectif et sera l'occasion d'analyser les sorties de crise possible, avec notamment l'avènement d'un « chômage productif ».

Bibliographie sélective

Arendt Hannah, *Condition de l'homme moderne*, 1re édition 1958, trad. fr., Paris, Calmann-Lévy, 1983.

Baverez Nicolas, Reynaud Bénédicte, Salais Robert, *L'Invention du chômage*, Paris, PUF, 1999.

Beveridge William, *Unemployment: a problem of industry*, Londres, Langmans, 1909.

Castel Robert, *Les Métamorphoses de la question sociale*, Paris, Fayard, 1995.

Chevalier Louis, *Classes laborieuses, classes dangereuses*, 1re édition 1958, Paris, Perrin, 2002.

Cahuc Pierre, Zylberberg André, *Le Chômage, fatalité ou nécessité ?*, Paris, Flammarion, 2004.

Duby Georges, *Le Moyen Âge*, Paris, Hachette, 1987.

Ewald François, *Histoire de l'État-providence*, Paris, Grasset, 1986.

Garraty J. A., *Unemployment in History*, New York, Harper and Row, 1978.

Maynard Keynes John, *The general theory of employment*, Londres, Macmillan, 1936.

Lefranc Georges, *Histoire du travail et des travailleurs*, Paris, Flammarion, 1975.

Marx Karl, *Le Capital*, Paris, coll. « Bibliothèque de la Pléiade », Gallimard.

Noiriel Gérard, *Les Ouvriers dans la société française*, Paris, Le Seuil, 1986.

Polanyi Karl, *La Grande Transformation. Aux origines économiques et politiques de notre temps*, tr. fr., Paris, Gallimard, 1983.

ROSANVALLON Pierre, *La Nouvelle Question sociale*, Paris, Points Essais, Seuil, 1995.

TOPALOV Christian, *La Naissance du chômeur. 1880-1910*, Paris, Albin Michel, 1994.

VIDAL-NAQUET Pierre, *Économie et société en Grèce ancienne*, Paris, Masson, 1972.

WEBER Max, *Économie et société dans l'Antiquité*, 1re édition 1909, trad. fr., Paris, La Découverte & Syros, 1998; *L'Éthique protestante et l'esprit du capitalisme*, Paris, Gallimard, 2003.

ZARIFIAN Philippe, *La Société post-économique*, Paris, L'Harmattan, 1988.

Table des matières

Dans la même collection

Le Sens de la vie, Gérard Amicel
La Monstruosité. Réflexions sur la nature humaine, Gérard Amicel
Que reste-t-il de l'avenir ?, Gérard Amicel
Autopsie de la valeur travail, Gérard Amicel et Amine Boukerche
Les Experts, Gérard Amicel
De la fragilité de la démocratie. Une lecture de Tocqueville, Amine Boukerche
La Citoyenneté républicaine face au libéralisme économique, Amine Boukerche
Des cultures et des hommes, Amine Boukerche
L'Expérience du monde, Kévin Cappelli
Simone Weil, le tournant spirituel, Kévin Cappelli
L'Avènement des fantômes, Kévin Cappelli
L'Interdit du meurtre, Kévin Cappelli
Un monde sans Moi est-il possible ?, Vincent de Coorebyter
L'Amour, échec de la philosophie ?, Yvan Droumaguet
Les Machines de Pascal, Anne Frostin
Michel Foucault, un philosophe des attitudes, Sylvain Garniel
L'Aventure de l'identité, Philippe Gouët
Qui sont les bêtes ?, Didier Heulot
Bernard Stiegler ou le poisson volant, Didier Heulot
Ce que le poète dit au philosophe, Yvon Inizan
Une histoire philosophique de la nature, Patricia Limido
Les Arts et l'expérience de l'espace, Patricia Limido

Aimer se dit en plusieurs sens, Gabriel Mahéo
Nietzsche et la parole de Zarathoustra, Gabriel Mahéo
Marx et le monde du capital, Gabriel Mahéo
Qu'est-ce que penser librement ?, Nathalie Monnin
Une histoire de la vérité, Nathalie Monnin
Une morale après Auschwitz, Nathalie Monnin
Enfants de Platon, dir. Nathalie Monnin
La Force de vivre, Franck Noulin
Georges Dumézil, l'enchanteur érudit, Michel Poitevin
L'Anthropologie de l'art, Muriel van Vliet

Conception graphique de la couverture : Laure Bombail

Coordination éditoriale et mise en page :
Nathalie Richard

Éditions Apogée
contact@editions-apogee.com
www.editions-apogee.com

Publié avec le concours
de la Région Bretagne
et Rennes Métropole

Achevé d'imprimer en mai 2023
sur les presses de Sepec numérique

Dépôt légal : juin 2023
Imprimé en France

PEFC 10-31-3532